Siamkatze Katzentraining

Ratgeber zum Auslasten, Trainieren und Beschäftigen einer Katze der Siamkatzen Rasse

Katzenbeschäftigung – Jagdspiele – Clicker-Training – Trainingsaufbau

©2021, Susanne Herzog

Expertengruppe Verlag

Die Inhalte dieses Buches wurden mit größter Sorgfalt erstellt. Für die Richtigkeit, Vollständigkeit und Aktualität der Inhalte kann jedoch keine Gewähr übernommen werden. Der Inhalt des Buches repräsentiert die persönliche Erfahrung und Meinung der Autorin. Es wird keine juristische Verantwortung oder Haftung für Schäden übernommen, die durch kontraproduktive Ausübung oder durch Fehler des Lesers entstehen. Es kann auch keine Garantie auf Erfolg übernommen werden. Die Autorin übernimmt daher keine Verantwortung für das Nicht-Gelingen der im Buch beschriebenen Methoden.

Sämtliche hier dargestellten Inhalte dienen somit ausschließlich der neutralen Information. Sie stellen keinerlei Empfehlung oder Bewerbung der beschriebenen oder erwähnten Methoden dar. Dieses Buch erhebt weder einen Anspruch auf Vollständigkeit, noch kann die Aktualität und Richtigkeit der hier dargebotenen Informationen garantiert werden. Dieses Buch ersetzt keinesfalls die fachliche Beratung und Betreuung durch einen Tierarzt. Die Autorin und die Herausgeber übernehmen keine Haftung für Unannehmlichkeiten oder Schäden, die sich aus der Anwendung der hier dargestellten Information ergeben.

Siamkatze Katzentraining

Ratgeber zum Auslasten, Trainieren und Beschäftigen einer Katze der Siamkatzen Rasse

Katzenbeschäftigung – Jagdspiele – Clicker-Training – Trainingsaufbau

Expertengruppe Verlag

INHALTSVERZEICHNIS

Über die Autorin 7

Vorwort 9

Was Du über Deine Siamkatze wissen musst 11

Grundpfeiler des Katzentrainings 21

    Warum ist es sinnvoll, mit Deiner Siamkatze zu trainieren? 23

    Kannst Du mit jeder Katze trainieren? 27

    Wie lernt Deine Katze am effektivsten? 31

    Ist Deine Katze intelligent? 37

    Was sind die Unterschiede zum Hundetraining? 43

    Die 10 Grundregeln zum erfolgreichen Trainieren 47

Sonderkapitel: Clicker-Training 56

    Was ist Clicker-Training? 57

    Häufig gestellte Fragen 60

    Vorstellung der Trainingsmethoden 64

        Dein Timing Trainieren 65

        Clicker-Verknüpfung aufbauen 66

        Futter-Ignorieren-Übung 70

Übung mit der Kiste 74

    Weitere Anregungen 80

Jagdspiele 85

    Ist Deine Siamkatze ein Jäger? 86

    Wofür sind Jagdspiele sinnvoll? 91

    Wie Du ein Jagdspiel richtig aufbaust 95

    Exkurs: Jagdspielzeuge selber basteln 105

Katzentraining 111

    Beschäftigungstipp für Deine Siamkatze außerhalb des Trainings 113

    Leinenführigkeit 119

    In die Box 137

    Apportiertraining 146

    Spaßtraining 154

        Pfötchen geben 156

        Schlecken 159

        Männchen machen 163

        Sprung durch den Reifen 167

        Weitere Anregungen 171

Weitere Aspekte des Katzentrainings 174

    Grundpfeiler der Katzenerziehung 176

    Was Du unbedingt vermeiden solltest 180

    Die nächsten Schritte 184

Fazit 187

Platz für Deine Notizen 192

Buchempfehlung für Dich 194

Hat Dir mein Buch gefallen? 198

Quellenangaben 200

Impressum 203

ÜBER DIE AUTORIN

Susanne Herzog ist ein echter Tierfreund – wobei es ihr Katzen ganz besonders angetan haben, was nicht verwundert, ist sie doch in einem Katzenhaushalt aufgewachsen.

Schon in ihrer frühen Jugend baute sie ihre Liebe für Tiere aus, indem sie regelmäßig in einem Tierheim aushalf. Dort kam sie auch zum ersten Mal mit der Schattenseite der Tierhaltung – mit verwahrlosten, traumatisierten und kaum sozialisierten Tieren – in Verbindung. Ihre Leidenschaft wurde geweckt und sie begann zu analysieren, wie es dazu kam. Doch noch viel wichtiger, als die Gründe zu erforschen, war es für sie, herauszufinden, wie die meisten Probleme von Beginn an vermieden werden konnten. Darauf aufbauend entwickelte sie Methoden, wie sie Tieren mit akutem Problemverhalten wieder zu einem besseren und normaleren Leben verhelfen konnte.

Um mit ihrem Wissen nicht nur den Katzen im Tierheim, in dem sie auch heute noch ehrenamtlich tätig ist, ein besseres Leben zu verschaffen, gibt Susanne Herzog mehrmals jährlich Seminare für gestresste Katzenhalter. Aus ihrer Erfahrung und dem Feedback der Teilnehmer entstand schließlich die Idee, ihr umfangreiches und praxistaugliches

Wissen einem größeren Personenkreis als Buch verfügbar zu machen.

Ihr Ziel ist es, Katzenbesitzern dabei zu helfen, ihren Samtpfoten ein spannendes, abwechslungsreiches aber auch artgerechtes Leben zu bieten. Sie möchte verhindern, dass zu wenig Beschäftigung und Abwechslung zu großen Problemen und Verhaltensauffälligkeiten werden, die später dazu führen, dass Katzen in einem Tierheim abgegeben werden.

Nach langer Recherche-, Schreib- und Korrekturarbeit kam schlussendlich dieser Ratgeber dabei heraus. Neben allgemeingültigen Anleitungen zur Katzenerziehung wird hier besonders auf die Bedürfnisse von Siamkatzen eingegangen. Er soll jedem Siamkatzen Halter einen Leitfaden an die Hand geben, um ohne besondere Vorkenntnisse seine Katze ausreichend und abwechslungsreich zu beschäftigen. Jede Katze ist es wert, die notwendige Aufmerksamkeit zu erhalten, die viele uninformierte Katzenhalter unbewusst nicht zur Verfügung stellen.

Wer sich an die Tipps und Hinweise in diesem Ratgeber hält, der kann sich sicher sein, dass er viele Jahre lang Freude an einem außergewöhnlich tollen Begleiter haben wird.

VORWORT

Herzlichen Glückwunsch, Du hast die hervorragende Entscheidung getroffen, eine Siamkatze in Deinem Leben willkommen zu heißen. Und darüber hinaus hast Du beschlossen, diesen Ratgeber zu kaufen. Damit hast Du gleich zwei gute Entscheidungen getroffen.

Deine Siamkatze gehört einer unglaublich tollen Rasse an, die es wert ist, dass sie ihr Leben lang gefordert und gefördert wird. Denn nur eine ausgelastete Katze führt ein wirklich glückliches und ausgeglichenes Leben.

Bevor Du die nächsten Seiten liest, solltest Du wissen, was Dich erwartet. Dieser Ratgeber wird Dir keine einfache Lösung bieten, wie Du mit wenig Aufwand eine unvergleichliche Bindung zu Deiner Siamkatze aufbaust. Dieser Ratgeber zeigt Dir keine Abkürzung zum Erfolg auf. Und das Wichtigste: Das Lesen alleine wird nichts verändern. Der Erfolg dieses Ratgebers hängt ganz alleine von Dir ab.

Und genau deshalb erklärt Dir dieser Ratgeber, wieso es so wichtig ist, dass das Training Deiner Katze nicht mit der Grunderziehung endet. Er zeigt Dir auf, wie Du Deine ausgewachsene Siamkatze ihr Leben lang weiter trainieren und fördern kannst. Denn wie wir Menschen, entwickeln sich auch Katzen stetig weiter, wenn wir ihnen die Möglichkeit dazu bieten.

Dieser Ratgeber wird Dir viele Methoden vorstellen, die Du alleine und ohne großen finanziellen Aufwand sofort umsetzen kannst. Das Einzige, was Du benötigst, ist der Wille, die nötige Zeit und eventuell ein paar kleine Utensilien zur Unterstützung. Es ist ganz einfach und für jeden umsetzbar.

Meine Frage an Dich lautet daher: Bist Du bereit, jeden Tag – und ich meine wirklich <u>JEDEN</u> Tag – eures weiteren gemeinsamen Lebens einige Minuten zu investieren, um das Leben Deiner Siamkatze spannender, interessanter und herausfordernder zu gestalten?

Wenn ja, dann hast Du mit diesem Buch eine hervorragende Wahl getroffen. Da Du diese dritte Entscheidung getroffen hast, bist Du jetzt bereit, die nächsten Seiten zu lesen.

Ich wünsche Dir daher viel Erfolg und von Herzen alles Gute für euch zwei.

- Kapitel 1 -

WAS DU ÜBER DEINE SIAMKATZE WISSEN MUSST

Du hast Dich vermutlich ganz bewusst für eine Siamkatze entschieden, als Du Deine Katze ausgesucht hast. Wahrscheinlich hast Du Dich im Vorhinein schon intensiv mit den Rassemerkmalen Deines vierbeinigen Freundes beschäftigt. Das meiste, was jetzt folgt, wirst Du daher schon kennen. Doch weil es so wichtig für euer gemeinsames Training ist, möchte ich es noch einmal kurz wiederholen.

Die Siamkatze ist eine ganz besondere Katzenrasse, die sich deutlich von vielen anderen unterscheidet. Im Training von Katzen gibt es viele Elemente, die für alle Rassen gleichermaßen gültig sind. Allerdings hat jede Rasse besondere Merkmale und Charakterzüge, die sie einzigartig machen. Und genau diese Eigenschaften sind in der Trainingsplanung und -umsetzung wichtig.

Manche Trainingsbausteine sind für Deine Siamkatze deutlich wichtiger, schwieriger oder leichter als beispielsweise für eine Perserkatze und genau hierauf werde ich Dich auf den nachfolgenden Seiten immer wieder hinweisen. Im Prinzip ähneln sich die Trainingsmethoden für alle Rassen, aber Du erhältst immer nochmal Hinweise von mir, wenn Du bei der Rasse der Siamkatze etwas Besonderes beachten musst. Doch jetzt ist es erst einmal wichtig, dass Du Deine Siamkatze und ihre Eigenheiten genau kennenlernst.

Denn sie gehört mit zu den ältesten Rassekatzen der Welt. Ihr Ursprung liegt in Siam, welches sich im heutigen Thailand befindet. Dort wurde sie als Tempelkatze verehrt und fand ihren Weg nach Europa sehr wahrscheinlich über Handelsschiffe. Bereits im Jahre 1884 begann in England ihre offizielle Zucht, womit der beeindruckende Siegeszug dieser Rasse begann. Denn noch heute gehört die Siamkatze zu den beliebtesten Rassen weltweit – und das nicht zu Unrecht.

Ihr freundlicher und offener Charakter macht sie zum perfekten Familienmitglied. Außerdem versprüht sie einen großen Charme und schlägt jeden mit ihren tiefblauen Augen in ihren Bann. Dazu kommt ihre starke Orientierung an ihren Menschen, zu denen sie eine enge und tiefe Bindung aufbaut. Sie liebt es außerordentlich, wenn sie ausgiebig geschmust wird, doch schlummert auch immer noch der wilde Geist ihrer Vorfahren in ihr. Aus diesem Grund ist sie überaus verspielt und liebt die Jagd. Sie ist aber auch eigensinnig und weiß, ihrem Willen mit einer enormen Durchsetzungskraft Ausdruck zu verleihen. Hierfür setzt sie besonders gerne ihre Stimme ein und macht ihren Haltern mit ausgiebigem Gurren oder Miauen deutlich, was sie von der aktuellen Situation hält. Nicht selten kommen auch die Nachbarn in den Genuss, den Diskursen einer Siamkatze zu lauschen.

Doch es ist nicht nur ihr feiner Charakter, der die Siamkatze zu einem weltweiten Katzenliebling werden ließ. Auch ihr Äußeres ist überaus ansprechend. Da sie nur eine Schulterhöhe von bis zu 25 cm erreicht, zählt sie zu den kleinen bis mittelgroßen Katzen. Kater bringen bis zu 5 kg auf die Waage, Katzen meist nur bis zu 4 kg. Erkannt werden sie von den meisten aufgrund ihres Fells. Dieses ist kurz und das eng anliegende Deckhaar verfügt über fast keine Unterwolle. Auffällig ist aber vor allem die Färbung, denn bei Siamkatzen handelt es sich um Teilalbinos. Eine Mutation, die – wie spekuliert wird – durch intensive Inzucht zu Beginn der Rassenzüchtung hervorgerufen wurde, führte dazu, dass zu geringe Mengen des Pigmentstoffs Melanin produziert werden. Das hat zur Folge, dass die Katzen nur an ihren Extremitäten (wie Ohren, Gesicht, Pfoten und Schwanz) eine dunkle Färbung aufweisen und am restlichen Körper weiß bis cremefarben sind. Wundere Dich aber nicht, wenn Dein Kitten noch ganz weiß ist. Das ist normal. Die dunklere Färbung tritt erst mit der Zeit auf.

Vom Körperbau unterscheidet sich die heutige Siamkatze deutlich von ihren Vorfahren, die damals aus Siam nach Europa kamen. Glich sie damals noch eher der europäischen Hauskatze, wurde bei ihrer Zucht immer mehr Wert auf einen schlanken Körperbau und immer längere Beine gelegt. Die dreiecksform des Kopfes wurde dabei auch immer weiter hervorgehoben. Inzwischen wird diese hochgezüchtete Variante der Siamkatze, die leider allzu häufig auf starker Inzucht beruht, als „Neuer Typ" bezeichnet.

Eine weitere beeindruckende Besonderheit bei dieser Katzenrasse ist ihre Anhänglichkeit und ihre Orientierung am Menschen, weswegen sie häufig als „Hundekatze" bezeichnet wird. Im starken Gegensatz zu anderen Rassen zeigt eine Siamkatze ganz offen – und gerne auch lautstark – dass sie nicht gerne alleine ist und folgt ihren Menschen am liebsten auf Schritt und Tritt. Selbst Gassi gehen und Apportierspiele, wie die meisten es nur von Hunden kennen, ist mit einer gut erzogenen und trainierten Siamkatze durchaus möglich und keine Seltenheit.

Siamkatzen sind noch dazu sehr intelligent und aufmerksam und interessieren sich außerordentlich für das Geschehen in ihrer direkten Umgebung. Durch ihre Verspieltheit und ihr enormes Geschick mit ihren Pfoten lernen diese schlauen Tierchen manches schneller, als es ihren Haltern lieb ist. So ist es beispielsweise keine Seltenheit, dass Siamkatzen sich Türen selbstständig öffnen oder Wasserhähne an- und ausstellen, obwohl ihnen das nie bewusst beigebracht wurde.

Mit Kindern und anderen Tieren versteht sich diese Katzenrasse nicht nur gut, sondern sie zeigt ehrliches Interesse und eine große Spielbereitschaft. Aggressives Verhalten zeigt sie selten bis nie, weswegen sie sich auch für Familien mit kleinen Kindern gut eignet.

Außerdem solltest Du Dir gut überlegen, ob Du Deine Siamkatze alleine halten möchtest. Ich empfehle Dir definitiv eine Zweitkatze, denn sie wird bei ungenügender Beschäftigung schnell ein Opfer von Langeweile. Mehrere Stunden am Tag allein zu verbringen, passt nicht zu einer Siamkatze und wird dazu führen, dass sie sich ihre eigene Beschäftigung suchen wird. Das kann darin bestehen, dass sie alle Schränke ausräumt oder Deine Wohnung „umdekoriert". Solltest Du ernsthaft mit dem Gedanken spielen, eine Zweitkatze zu holen, ist es wichtig, dass sie ebenfalls eine aktive und spielfreudige Katze ist. Ruhigere Rassen wie beispielsweise eine Britisch Kurzhaar sind meist nicht für das glückliche Zusammenleben mit einer Siamkatze geeignet, da sie zu unterschiedliche Anforderungen an ihre Haltung stellen.

Ansonsten stellt die Siamkatze nur geringe Ansprüche an ihre Haltung und ist sehr genügsam. Sie kann komplett als Wohnungskatze gehalten werden. Einem Garten ist sie aber niemals abgeneigt, da sie es genießt, die Natur zu beobachten und auch das ein oder andere Jagdabenteuer lehnt sie nicht ab. Sie muss allerdings kein Freigänger sein, um ein zufriedenes und ausgeglichenes Katzenleben zu führen.

Viel wichtiger als Zugang zur Außenwelt ist für Deine Siamkatze die Nähe, die gemeinsame Zeit und der liebevolle Umgang mit Dir und allen anderen Menschen und Tieren im Haushalt. Für sie ist es wichtig, am Familienleben teilzunehmen und in Aktivitäten integriert zu sein. Ob das drinnen oder draußen stattfindet, ist für Deine Siamkatze vollkommen zweitrangig.

Solltest Du Deine Siamkatze noch nicht ausgesucht haben, sondern noch mit dem Gedanken spielen, Dir eine zu kaufen, gebe ich Dir abschließend noch folgenden Tipp:

Beziehe sie unbedingt von einem seriösen Züchter und informiere Dich genau über diesen und die Elterntiere. Deine Siamkatze wird gerne bis zu 15 Jahre alt und da ist es wichtig, dass sie sowohl gesundheitlich als auch von ihrer sozialen Prägung her gut aufgestellt ist und nicht wegen Überzüchtung schon von Geburt an ein schwieriges Leben haben wird. Schau Dir auch genau an, wie der Züchter seine eigenen Katzen behandelt und ob dies mit den Methoden, die Du in diesem Buch erlernen wirst, übereinstimmt. Eine in der frühen Jugend traumatisierte Katze verlangt ein enormes Erziehungsprogramm und das überfordert die meisten Katzenbesitzer. Ein seriöser Züchter sollte Dir auch immer den Stammbaum zeigen können. Hier darf kein Ahne zweimal vorkommen, um Inzuchtprobleme von Beginn an zu vermeiden.

Auch wenn es schmerzen kann, so kostet eine seriös gezüchtete Siamkatze oft um die 600 Euro. Alles, was deutlich darunter liegt, sollte ebenfalls Dein Misstrauen erregen, da es sich hierbei meist um sogenannte Vermehrer handelt. Diese legen wenig Wert auf eine artgerechte Haltung und gute Sozialisierung ihrer Tiere.

Schaue Dir sowohl die Katzenjungen, als auch den Züchter und die Elterntiere ganz genau vor dem Kauf an, damit Deinem glücklichen Leben zusammen mit Deiner Siamkatze nicht schon von Anfang an Steine in den Weg gelegt werden.

Natürlich kannst Du Deine Siamkatze auch jederzeit aus dem Tierheim adoptieren. Diese Option wäre nicht nur sehr nobel und vorbildlich, sondern Du würdest der Katze gleichzeitig auch die Chance auf ein gutes, erfülltes und glückliches Leben geben. Allerdings ist nicht jeder bereit oder in der Lage, eine Tierheimkatze aufzunehmen, denn diese Katzen kommen selten ohne Vorbelastungen ins Heim. Diese können einmal gesundheitlicher Natur sein, was Dich eventuell ein ganzes Katzenleben lang finanziell belasten wird, oder die kleinen Samtpfoten haben traumatische Erlebnisse hinter sich und sind deshalb vielleicht sogar verhaltensauffällig und schwer vermittelbar.

Beides muss nicht zwingend zutreffen, aber die Möglichkeit ist bei einer Tierheimkatze deutlich höher als bei einer Katze von einem seriösen Züchter. Darüber solltest Du Dir im Klaren sein und alle Risiken und eventuelle Vorbelastungen detailliert im Tierheim ansprechen. Wenn Du Dich dieser Herausforderung gewachsen fühlst, ist es großartig, dass Du einer Tierheimkatze ein neues Zuhause schenkst! Für das Training mit Deiner Siamkatze bedeutet das wahrscheinlich, dass Du nochmal geduldiger sein musst und bei vielen Dingen ein paar mehr Wiederholungen einplanen kannst, um alte Erlebnisse und Verhaltensmuster zu überschreiben. Aber mit der richtigen Einstellung und dem festen Willen wird es Dir auch gelingen, davon bin ich überzeugt.

Für den schnellen Überblick findest Du auf der nachfolgenden Seite noch einen Steckbrief zur Rasse der Siamkatze.

Steckbrief Siamkatze

Bild	
Herkunft	Siam (heutiges Thailand)
Größe	Mittelgroß Schulterhöhe: bis 25 cm
Gewicht	Katze: 3 – 4 kg Kater: 4 – 5 kg
Körperbau	Ihr Körper ist sehr elegant und geschmeidig. Er ist schlank aber muskulös, die Beine und der Schwanz sind lang und ebenfalls schlank.
Kopfform	Der Kopf ist keilförmig. Die Ohren und das Kinn bilden dabei ein deutlich erkennbares Dreieck.
Augen	Die Augen stehen weit auseinander und sind mandelförmig. Außerdem leuchten sie in einem schönen Blauton.

Fell und Farbe	Das Fell ist kurz und eng anliegend. Das Deckhaar ist sehr dünn und verfügt fast über keine Unterwolle. Dadurch, dass sie ein Teilalbino ist, zeigt sie nur an Ohren, Pfoten, Gesicht und Schwanz Pointierungen. Der Rest des Körpers ist hell. Mittlerweile gibt es über 100 bekannte Farb- und Musternuancen. Als Grundtypen anerkannt sind bisher aber nur Seal Point, Blue Point, Chocolate Point und Lilac Point.
Fellpflege	Die Fellpflege ist wenig aufwendig. Gelegentliches Bürsten reicht vollkommen aus.
Charakter	Sie ist sehr eigensinnig, aber auch intelligent und menschenbezogen. Sie liebt das Schmusen und braucht Gesellschaft.
Besonderheiten	Sie ist sehr kommunikativ (d.h. sie schnurrt, maunzt, gurrt und plappert häufig und gerne auch laut). Sie ist nicht für die Einzelhaltung geeignet.

- Kapitel 2 -

GRUNDPFEILER DES KATZENTRAININGS

Über das Trainieren von Katzen gibt es leider deutlich weniger Bücher und Informationen als das für Hunde der Fall ist. Wahrscheinlich liegt genau darin einer der Gründe, warum es vielen Katzenhaltern einfach nicht bewusst ist, dass sie ihre Katze tatsächlich trainieren können und auch sollten.

Damit Du es mit Deiner Siamkatze besser machst als der durchschnittliche Katzenhalter, lernst Du auf den nachfolgenden Seiten:

- Warum Training für Deine Siamkatze sinnvoll ist,
- ob Du mit jeder Katze trainieren kannst,
- wie Katzen lernen,
- was die Unterschiede zum Hundetraining sind und
- an welche 10 Grundregeln Du Dich auf jeden Fall beim Training halten solltest.

Mithilfe dieser Informationen kannst Du gut gewappnet in das Training Deiner Siamkatze starten! Wichtig anzumerken ist für mich an dieser Stelle aber, dass ich davon ausgehe, dass Deine Siamkatze schon eine fundierte Grunderziehung erhalten hat. Ich werde Dir auf den nachfolgenden Seiten zwar viel Wissen vermitteln, aber ich gehe auch davon aus, dass ihr beide schon etwas Erfahrung habt und die Grunderziehung abgeschlossen ist.[1]

Außerdem sollte Deine Siamkatze nicht zu jung sein, da das Training eine große Portion Aufmerksamkeit von Dir und Deiner Katze verlangt. Gerade Kitten und junge Katzen lassen sich jedoch schnell ablenken und können sich nur für kurze Zeit konzentrieren. Ich empfehle daher, mit dem intensiven Training nicht vor dem zweiten Lebensjahr zu starten. Die Jagdspiele sind hiervon selbstverständlich ausgenommen. Wichtig bei den Jagdspielen ist allerdings, gerade im jungen Alter darauf zu achten, dass die noch wachsenden Gelenke nicht durch übertriebenes Springen unnötig belastet werden.

---

[1]Solltest Du an weiteren Informationen bezüglich der Grunderziehung Deiner Siamkatze interessiert sein, kann ich Dir den ersten Teil dieser Reihe „Siamkatze Katzenerziehung – Ratgeber zur Erziehung einer Katze der Siamkatze Rasse" empfehlen.

WARUM IST ES SINNVOLL, MIT DEINER SIAMKATZE ZU TRAINIEREN?

Da Du meinen Ratgeber erworben hast, scheinst Du ernsthaft mit dem Gedanken zu spielen, Deine Siamkatze trainieren zu wollen. Wenn Du über diesen – wohl angemerkt sehr vernünftigen – Gedanken mit Deinen Mitmenschen sprichst, werden die meisten erstaunt erwidern, dass Katzen im Gegensatz zu Hunden nicht zu trainieren sind. Was selbstverständlich absoluter Blödsinn ist.

Was stimmt, ist, dass Hunde seit ihrer Domestizierung – sprich seit Jahrhunderten, wenn nicht sogar seit Jahrtausenden – vom Menschen bewusst trainiert wurden, was bei Katzen nicht der Fall ist. Dies geschah jedoch nicht, weil Hunde besser dazu geeignet sind, trainiert zu werden, sondern weil sie trainiert werden mussten, um ihre Aufgaben dem Wunsch des Menschen entsprechend zu erfüllen (wie zum Bespiel das Eigentum zu beschützen oder Schafe zu treiben). Dies war bei Katzen lange Zeit nicht erforderlich, da sie ihren eigentlichen Zweck – Mäuse zu fangen – nicht erst antrainiert bekommen mussten, sondern ihn von sich aus erfüllten und dabei weitestgehend freie Hand hatten.

Ähnlich domestiziert und damit trainiert wie Hunde werden Katzen erst seit knapp 150 Jahren. In dieser kurzen Zeit ist es kaum verwunderlich, dass ihr „will to please" (also ihr Wunsch dem Menschen zu gefallen), der auch dem Hund erst über Jahrhunderte durch selektive Züchtung angeeignet wurde, noch nicht so stark ausgeprägt ist. Was allerdings kein Trainingshindernis an sich darstellt, sondern nur den Weg etwas herausfordernder gestaltet.

Ich gehe in diesem Ratgeber davon aus, dass Du Deine Siamkatze als klassische Hauskatze hältst und sie keine Arbeitsfunktion (wie das Jagen von Mäusen) bei Dir zu erfüllen hat. Durch diese Umwandlung in ihrer Beziehung zu uns Menschen haben Katzen ein altbekanntes Problem geerbt, das bis dahin für sie vollkommen unbekannt war: Langeweile!

Tatsächlich gibt es Halter, die davon überzeugt sind, dass es ihrer Katze ausreicht und sie erfüllt, den ganzen Tag faul auf dem Sofa zu liegen und zu schlafen oder zu dösen. Ich bin da anderer Meinung. Ich glaube fest daran, dass jede Katze es verdient hat, einer Beschäftigung nachzugehen und diese auch freudig annimmt, wenn sie ihr auf die richtige Art und Weise angeboten wird. Im Falle einer Hauskatze kann dies ein spannendes Hobby sein und das in diesem Ratgeber beschriebene Katzentraining kann genau zu diesem Hobby werden.

Da ich Katzentraining als Hobby ansehe, liegt mein Fokus darauf, dass es sowohl Deiner Katze als auch Dir Spaß macht. Nur wenn euch beiden das gemeinsame Training Freude bereitet, werdet ihr erfolgreich sein und es auch dauerhaft umsetzen. Aus diesem Grund sind die später vorgestellten Tricks und Übungen nicht nur nach Nützlichkeit ausgewählt, sondern orientieren sich auch ganz klar am Spaßfaktor.

Dennoch stellt jedes Training mit Deiner Siamkatze auch eine gewisse Verhaltenstherapie dar. Das heißt, dass Du die Methoden, die Du zum Trainieren von Männchen machen verwendest, ebenfalls auf „nützlichere" Übungen anwenden kannst, wie zum Beispiel das Gewöhnen an ein neues Katzenklo. Außerdem baut Deine Katze durch das intensive Training eine deutlich innigere Beziehung zu Dir auf, was ihr Vertrauen in Dich stärkt und somit auch die Bereitschaft erhöht, mit Dir in allen anderen Lebenslagen zu kooperieren.

Und zu guter Letzt bin ich davon überzeugt, dass die Ursache für eine Vielzahl an Problemverhalten unserer Hauskatzen in einfacher Langeweile gründen. Katzen sind intelligente Tiere, die gefordert und gefördert werden müssen. Geschieht dies nicht, sucht sich Deine Katze Mittel und Wege, um die fehlende Aufmerksamkeit von Dir zu erhalten – und das werden in der Regel nicht die Wege sein, die Du bevorzugst. Biete Deiner Siamkatze daher bewusst ein abwechslungsreiches Programm aus Training und Jagdspielen an und sie wird es Dir in vielerlei Form zu danken wissen.

Besonderheiten Deiner Siamkatze

Mit der Rasse der Siamkatze hast Du das große Glück, dass sie nicht nur sehr intelligent, sondern gleichzeitig auch sehr spielfreudig ist. Doch mit diesem Glück geht auch eine große Verantwortung einher: Denn Du musst Dir bewusst sein, dass Du Deine Katze nicht einfach ohne Beschäftigung für mehrere Stunden oder Tage alleine lassen kannst. Das wird früher oder später zu einem akuten Problemverhalten führen.

Als Halter einer so einzigartigen Rasse wie der der Siamkatze muss es zu Deinem täglichen Rhythmus werden, mit Deiner Katze zu spielen und zu trainieren. Was jetzt vielleicht noch wie eine lästige Pflicht klingen mag, wird sich schon bald in ein freudiges Hobby verwandeln. Denn nichts macht einen begeisterten Katzenhalter glücklicher, wie wenn seine Katze zum ersten Mal High-Five gibt oder auf Befehl Männchen macht.

Kannst Du mit jeder Katze trainieren?

Immer mal wieder höre ich die leise Ausrede, dass Katzentraining schön und gut ist und bestimmt mit manchen Katzen hervorragend funktioniert, aber mit der eigenen wäre das Ganze unmöglich. Sie hätte keine Lust und erst recht kein Interesse daran und würde lieber schlafen oder sich selbst beschäftigen. Auf keinen Fall wäre sie bereit, auf Befehle zu reagieren und das zu machen, was ein Mensch ihr befiehlt.

Überraschenderweise gelange ich in den meisten dieser Fälle jedoch nicht zu der Überzeugung, dass die Katze ein Motivationsproblem hat, sondern sehe dieses meist eher beim Halter selbst. Dieser ist in der Regel nicht dazu bereit, genug Zeit, Liebe, Leidenschaft und darüber hinaus viel Geduld in sein Haustier zu investieren – was alles notwendig ist, um eine Katze erfolgreich zu trainieren. Er sieht seine Katze eher als Schmusetier statt als Mitbewohnerin an, die ein Recht darauf hat, beschäftigt zu werden. Natürlich kann nicht jeder Halter gleich viel Zeit in seine Katze investieren, aber es sollte mehr Zeit sein, als für ein Schmusetier.

Denn alle Katzen, die ich bisher kennengelernt habe, waren – bei der richtigen Vorgehensweise – nicht nur in der Lage, trainiert zu werden, sondern waren sogar mit großem Eifer und viel Freude dabei. Als Grundvoraussetzung dafür, dass ein Tier trainiert werden kann, gilt, dass es in der Lage sein muss, zu lernen. Sobald Du Deiner Katze diese Eigenschaft zusprichst, kannst Du sie trainieren – und ich bin überzeugt davon, dass jede Katze lernen kann.

Stelle Dir nur mal ihre Vorfahren in der freien Natur vor: Glaubst Du, sie hätten bis zum heutigen Zeitpunkt überlebt, wenn sie nicht lernen und sich anpassen könnten? Nein! Sicherlich nicht. Sehr wahrscheinlich ist den meisten Katzenhaltern einfach nicht bewusst, dass sie ihre Katzen von Beginn an unbewusst trainieren – daran kommen sie gar nicht vorbei. Auch Du wirst Deiner Katze schon viel antrainiert haben, was Du so ursprünglich gar nicht geplant hattest.

Reagiert Deine Siamkatze beispielsweise darauf, wenn Du den Schrank mit ihrem Futter öffnest? Kommt sie dann freudig angelaufen und setzt sich erwartungsvoll vor ihren Napf? Oder hüpft sie jeden Abend, wenn Du Dich genüsslich auf Deinem Lieblingsplatz auf dem Sofa niederlässt, neben Dich, um sich ihre tägliche Schmuseeinheit abzuholen? Verlässt sie fluchtartig das Zimmer, wenn sie sieht, dass Du mit dem Staubsauger auf sie zukommst?

All das ist antrainiertes Verhalten. Keine Katze wird mit diesen Verhaltensmustern geboren. Du hast es ihr antrainiert – auch wenn es Dir in diesem Moment nicht bewusst war. Unterbewusst hast Du ihr durch stetige Wiederholung und konstante Muster vermittelt, dass im Anschluss an das

Öffnen einer gewissen Schranktür etwas Positives für sie folgt, nämlich ihr voller Futternapf. Dasselbe gilt für das Hinsetzen auf die Couch. Wenn Du dort zu einem bestimmten Zeitpunkt sitzt, wird geschmust, was ebenfalls eine positive Verknüpfung erzeugt hat. Das Herausholen des Staubsaugers wiederum verbindet Deine Siamkatze mit Lärm und hektischen Bewegungen (Negativ!) und ergreift daher lieber die Flucht. All das hast Du ihr beigebracht. Deine Katze reagiert jedes Mal gleich, weil Du ihr auf Deine Handlung eine Erwiderung ihrerseits antrainiert hast.

So, wie Du Deine Katze in diesen Fällen unbewusst trainiert hast, kannst Du sie auch bewusst trainieren. Wie genau das vor sich geht, erfährst Du im nächsten Kapitel.

Besonderheiten Deiner Siamkatze

Dadurch, dass sich die Rasse der Siamkatze von sich aus sehr stark am Menschen orientiert, hat sie uns gegenüber ein hervorragendes Gespür entwickelt. Sie registriert unser Verhalten viel intensiver als andere Rassen und neigt zur Imitation. Auf diese Art lernt sie beispielsweise Türen zu öffnen oder den Wasserhahn aufzudrehen.

Für Dich bedeutet das: Du wirst wenig Probleme haben, Deine Siamkatze zu motivieren, aktiv am Training teilzunehmen – und das ist etwas, was beispielsweise auf die gemeine Hauskatze nicht zutrifft! Die meisten Vertreter der Siamkatze Rasse sind jedoch für jede Beschäftigung dankbar und nehmen Neues neugierig und freudig an. Sie spüren außerdem, wenn Dir gefällt, was sie tun und sind daran interessiert, dieses positive Gefühl immer wieder zu erzeugen.

Wie lernt Deine Katze am effektivsten?

Immer wieder werde ich mit der Frage konfrontiert, ob es effektiver ist, seine Katze zu schimpfen oder zu loben. Bevor ich die Frage beantworte, schauen wir uns erst einmal an, was Loben und Schimpfen eigentlich bewirken sollen.

Beim Loben ist Dein Ziel, dass ein von Dir gewünschtes Verhalten öfters gezeigt wird. Beim Schimpfen hingegen geht es Dir um eine Abnahme von unerwünschtem Verhalten. Denke jetzt an Deine Katze. Du hast Dich bewusst für eine Siamkatze entschieden. Diese Rasse ist sehr selbstbewusst, hat ihren eigenen Kopf und die Selbstständigkeit ihrer willden Vorfahren kommt immer wieder gerne zum Vorschein. Kannst Du Dir vorstellen, dass dieses eigenständige Wesen effektiv durch Schimpfen lernt?

Nein, natürlich nicht. Werden Katzen – und insbesondere Katzen der Siamkatzen Rasse – zu häufig oder heftig geschimpft, ziehen sie sich zurück. Sie brechen den Kontakt sofort ab und bei häufiger Wiederholung kann es zu einem ernsthaften Verlust des Vertrauensverhältnisses zu Dir kommen. Es liegt nicht in der Natur Deiner Katze, Maßregelungen zu akzeptieren. Sie ist es nicht gewohnt und schon gar nicht gewillt, dies hinzunehmen. Außerdem ist sie nicht im Stande, zu verstehen, warum sie ausgeschimpft wird. Für Deine Katze ist es nicht verständlich, warum sie beispielsweise auf den Kratzbaum, aber nicht auf den

Esstisch springen darf. Schimpfst Du sie daraufhin aus, wird sie nicht nur den Esstisch mit etwas Negativem verbinden und anfangen, ihn zu meiden, sondern auch Dich. Geschieht dies öfters, verbindet Deine Katze langsam aber sicher mehr Negatives als Positives mit Dir und wird beginnen, Dich mehr und mehr zu meiden. Eine Mensch-Katzen-Beziehung, die auf diese Weise geschädigt ist, kann nur durch langwieriges und konsequentes Training wieder aufgebaut werden.

Meiner Erfahrung nach ist es daher vollkommen sinn- und erfolglos, Deine Katze zu schimpfen. Es wird kurzfristig vielleicht ein unerwünschtes Verhalten (in Deiner Gegenwart) unterdrücken, aber die langfristigen Folgen sind das selten wert.

Im Gegensatz dazu stellt das Loben – sprich die positive Bestärkung – für mich die effektivste Methode dar, um ein bestimmtes Verhalten zu verstärken. In Fachkreisen wird hierbei zwischen der klassischen und der opernanten Konditionierung unterschieden.

Die klassische Konditionierung kennst Du bereits, denn wir haben sie schon kurz angesprochen. Diese Art der Konditionierung liegt vor, wenn Deine Siamkatze eine gleichbleibende Abfolge erkennt und daraufhin ein bestimmtes Verhalten zeigt. Das ist beispielsweise der Fall, wenn sie angelaufen kommt, sobald Du den Futterschrank öffnest.

Sie hat durch unzählige Wiederholungen gelernt, dass nach dem Futterschrank Öffnen das Futter folgt.

Etwas anders sieht es bei der opernanten Konditionierung aus. Diese wird auch häufig als Lernen am Erfolg bezeichnet. Sie basiert auf der Annahme, dass Deine Siamkatze ein Verhalten, das sich für sie lohnt, lieber zeigen wird, als ein anderes. Erhält sie beispielsweise immer ein Leckerchen, wenn sie den Kratzbaum benutzt, wird sie diesen mit der Zeit immer öfters benutzen und immer seltener die Couch oder die Tapete. Durch die opernante Konditionierung wird für Deine Katze ein bestimmtes Verhalten, das vorher bedeutungslos war, plötzlich sinnvoll, denn sie erhält dafür jetzt eine Belohnung.

Aus diesem Grund baue ich alle Trainingseinheiten in diesem Buch auf der opernanten Konditionierung auf. Deine Siamkatze wird lernen, dass Verhaltensweisen, die von Dir gewünscht sind, auch für sie von Vorteil sind. Im Gegensatz dazu wird ein Verhalten, das Du nicht wünschst, einfach von Dir ignoriert und somit bedeutungslos.

Damit diese Methode auch wirklich erfolgreich ist, benötigst Du drei Dinge:

- ausreichend Geduld,
- perfektes Timing und
- genügend Wiederholungen.

Es mag so einfach klingen, aber gerade an dem ersten Punkt – der Geduld – scheitern die meisten Katzenhalter sehr schnell. Dir muss bewusst sein, dass Du bei allem, was Du tust, den längeren Atem haben musst. Wenn Du Deiner Siamkatze etwas Neues beibringen möchtest, kann das schon mal dauern. Oft sind Fortschritte und Erfolge auch nur in sehr kleinen Schritten zu erzielen. Außerdem wird es immer mal wieder Rückschritte geben, bei denen Deine Katze etwas Gelerntes plötzlich wieder vergessen zu haben scheint. All das musst Du geduldig aushalten, um Dein Trainingsziel zu erreichen. Das ist insbesondere dann wichtig, wenn es nicht nur um das Erlernen eines einfachen Tricks geht, sondern beispielsweise um die Zusammenführung von zwei Katzen. Verliere nicht die Geduld und gebe Dich auch mit kleineren Schritten und Erfolgen zufrieden. Und akzeptiere, dass Rückschritte schon mal dazu gehören und werfe deshalb nicht gleich das Handtuch.

Neben der Geduld spielt das Timing eine wichtige Rolle. Viele Katzenhalter scheitern daran, ihren Katzen rechtzeitig das Leckerchen zu geben. Denn dieses muss genau dann geschehen, wenn die Katze das erwünschte Verhalten zeigt – das heißt, sobald sie beispielsweise durch den Reifen springt und nicht erst danach. Solltest auch Du damit Probleme haben, empfehle ich Dir, das Kapitel über das Clicker-Training besonders aufmerksam zu lesen, denn dort erlernst Du eine effektive Methode, mit der Du dieses Problem aus der Welt schaffen kannst.

Und last but not least kommen wir zur ständigen Wiederholung. Wiederholung ist beim Training das A und O. Deine Katze muss jeden Befehl, den Du ihr beibringst, unzählige erfolgreiche Male wiederholen, bis sie ihn verinnerlicht hat. Und selbst dann ist es wichtig, dass Du ihn weiter wiederholst, da sie ihn sonst wieder vergisst. Wenn Du einen bestimmten Trick beispielsweise ein oder sogar zwei Jahre gar nicht mehr mit ihr gemacht hast, ist die Wahrscheinlichkeit sehr groß, dass sie Dich mit großen, fragenden Augen anschaut, wenn Du ihr nach so langer Zeit plötzlich wieder das Kommando dazu gibst.

Wir halten daher fest: Katzentraining ist möglich und es ist am effektivsten über Loben zu gestalten. In diesem Ratgeber lernst Du deshalb, wie Du Deine Siamkatze durch Lernen am Erfolg trainierst. Wichtig dabei ist, dass Du die Geduld behältst, auf Dein Timing achtest und genügend Wiederholungen einbaust.

Besonderheiten bei Deiner Siamkatze

Auch wenn es sich bei Deiner Siamkatze um eine der mittelgroße Hauskatzen-Rassen handelt, hat sie doch einen weichen Kern, den Du nicht unterschätzen solltest. Katzen sind äußerst sensible Wesen und sie achten sehr genau auf unsere Tonlage. Schimpfen wir sie oder schreien wir sie sogar an, erreichen wir damit nicht das, was wir uns wünschen, sondern meist das absolute Gegenteil. Behalte auch bei Deiner großen Siamkatze immer in Erinnerung, dass Schimpfen, Schreien und Bestrafen Dich nicht näher an Dein Ziel bringen.

Ist Deine Katze intelligent?

Häufig wird Katzen unterstellt, dass sie dumm und unwillig sind. Dennoch erhält jeder, der seine Katze dabei beobachtet, wie sie stolz und selbstbewusst durch ihr Revier läuft, schnell den Eindruck, dass sie nahezu weise und allwissend ist. Doch wie schlau sind Katzen wirklich, wie schneiden sie im Verhältnis zu Hunden ab und welche Rasse ist am intelligentesten?

Tatsache ist, dass sich die Intelligenz von Katzen deutlich schwieriger erforschen lässt, als das bei anderen Tieren der Fall ist. Der Grund dafür ist simpel: Katzen weigern sich häufig, die von uns Menschen erdachten wissenschaftlichen Experimente auszuführen. Und mangelnde Kooperation in Experimenten wird schnell mit fehlender Intelligenz begründet. Dabei liegt es gerade bei Katzen meist nicht an fehlender Intelligenz, sondern an dem banalen Grund, dass die Experimente aus „Menschen"-Sicht erstellt wurden. Unsere Katzen denken jedoch anders als wir und nehmen auch ihre Welt und Umgebung anders wahr. Wird dieser Umstand nicht berücksichtigt und die Katzenintelligenz eins zu eins mit unserer menschlichen Intelligenz verglichen, dann schneiden Katzen tatsächlich schlecht ab.

So wurde bei einem Experiment getestet, inwieweit Katzen physikalische Gesetze verstehen, wie zum Beispiel das Gesetz von Ursache und Wirkung. Versuchsboxen wurden dabei so konstruiert, dass die Katzen an einer Schnur ziehen mussten, damit sie aus einer Box Futter bekamen. Bei einer Schnur funktionierte der Versuchsaufbau problemlos. Kam jedoch schon nur eine weitere Schnur hinzu, war kein Versuchstier mehr in der Lage, zuverlässig an der richtigen Schnur zu ziehen. Hieraus könnte die Schlussfolgerung lauten, dass Katzen das Prinzip von Ursache und Wirkung nicht verstehen. Es könnte aber ebenfalls lauten, dass das Spielen mit der Schnur den Katzen schon vollkommen ausreichte und sie keine weitere Belohnung (in Form von Futter) mehr benötigten.

Gehen wir im Gegensatz dazu auf die Bedürfnisse von Katzen ein, ist schnell klar, dass diese Tiere intelligent sein müssen. Ein erstes Indiz dafür ist die unglaubliche Neugierde, die in fast jeder Katze zum Vorschein kommt. Katzen lieben es, neue Dinge zu erkunden, zu stöbern und auf Entdeckungstour zu gehen. All das sind Verhaltensmuster, die nur von intelligenten Tieren gezeigt werden. Weniger intelligente Wesen beschränken sich meist auf ausschließlich überlebenswichtige Tätigkeiten und zeigen wenig Interesse für alles andere.

Außerdem verfügen Katzen über ein beeindruckendes Gedächtnis. Sie können sich viele Dinge merken und prägen sich vor allem Abläufe und Routinen schnell und genau ein. Darüber hinaus haben Experimente ergeben, dass Katzen bis vier zählen können. So sind sie beispielsweise in der Lage zu erkennen, wenn sie von ihrem Halter immer 4 Leckerchen hintereinander bekommen. Wird diese Routine oft genug wiederholt und der Katze niemals mehr oder weniger als diese vier Stücke gegeben, wird sie mit der Zeit automatisch nach dem vierten Leckerchen aufhören, nach einem weiteren zu verlangen. Es wird angenommen, dass es für Katzen wichtig war, zählen zu können, wenn sie ihre Jungen von einem Nest in ein anderes brachten.

Doch wie beim Menschen so gibt es auch bei den Katzen einzelne Exemplare, die schlauer sind als andere. Das kann sowohl innerhalb einer Rasse, als auch innerhalb eines Wurfes auftreten. Dennoch haben sich einige Rassen als besonders schlau und lernfähig erwiesen. Hierzu zählen beispielsweise die Rassen Abessinier, Bengal, Birmakatzen und Siamkatzen. Wie Du siehst, gehört die Rasse Deiner Katze zu diesem elitären Kreis und es sollte Dich daher nicht wundern, wenn Deine Siamkatze etwas anspruchsvoller ist, als andere Katzen und nach mehr Beschäftigung und Abwechslung verlangt.

Unabhängig von der Rasse haben Forscher zusätzlich herausgefunden, dass Hauskatzen, mit denen sich die Besitzer ausgiebig und viel beschäftigen, deutlich besser und schneller lernen als ihre Artgenossen, die wenig beschäftigt werden. Katzen, denen regelmäßig Neues gezeigt wird, die täglich Jagdsituationen simulieren und Befehle üben, sind aufgeweckter, neugieriger und lernwilliger. Und das ist auch gut so. Denn es zeigt, dass die Intelligenz und die Lernbereitschaft Deiner Katze nicht nur von Natur aus vorherbestimmt ist, sondern Du auch Deinen Teil dazu beitragen kannst. Und mit diesem Ratgeber wirst Du das besonders gut meistern!

Kommen wir zum Abschluss noch zur Frage, wer denn jetzt schlauer ist: Der Hund oder die Katze? Auch hierauf bietet die Wissenschaft eine Antwort, wenngleich diese wieder ihre Tücken hat. So ist es erwiesen, dass Hunde in der Großhirnrinde mit 530 Millionen Neuronen über fast doppelt so viele Nervenzellen verfügen wie Katzen. Natürlich könnte jetzt geschlussfolgert werden, dass Hunde dadurch selbstverständlich intelligenter sein müssten. Jedoch ist im Gehirn nicht nur die Anzahl der Neuronen, sondern auch deren Dichte und Vernetzung ausschlaggebend für die Leistung. Und diese beiden Faktoren lassen sich bisher leider kaum bis gar nicht messen. Allerdings lässt sich die Vernetzung durch intensives Training beeinflussen, wo wir wieder bei dem Punkt sind, dass Du die Intelligenz Deiner Katze durchaus mit beeinflussen kannst.

Und noch ein Fun-Fact zum Abschluss: Amerikanische Forscher haben herausgefunden, dass Katzenbesitzer im Schnitt intelligenter sind als Hundebesitzer. Knapp 50 Prozent der Katzenbesitzer würde über einen Hochschulabschluss verfügen, das sind 10 Prozent mehr als bei Hundebesitzern. An den Tieren selbst liegt das aber wohl nicht. Die Forscher gehen eher davon aus, dass Menschen mit einem höheren Bildungsgrad weniger Zeit für Haustiere besitzen und daher eher zu einer Katze statt zu einem Hund tendieren.

Besonderheiten bei Deiner Siamkatze

Deine Siamkatze gehört zu den intelligentesten Katzenrassen, die wir heute kennen. Gerade diese Rasse zeigt ihre Intelligenz unter anderem dadurch, wie gut sie darin ist, unser Verhalten zu kopieren. Sie sehen, wie wir Menschen die Türklinke benutzen, um Türen zu öffnen oder wie das Drehen des Wasserhahns dafür sorgt, dass Wasser ins Waschbecken läuft. Sie beobachten, analysieren und probieren es dann selbst aus.

Dir fallen bei Deiner Siamkatze spontan wahrscheinlich auch einige Beispiele ein, bei denen sie Dich mit ihrem Verhalten überrascht und beeindruckt hat. Nur weil Katzen über einen starken eigenen Willen verfügen und nicht immer bereit sind, sich auf unsere Menschenspiele und -experimente einzulassen, heißt das nicht zwangsläufig, dass sie nicht intelligent sind.

Die Rasse der Siamkatze ist zu Deinem Glück im Schnitt deutlich eher dazu bereit, sich auf Dich und Deine Interaktion einzulassen, als es beispielsweise bei der gemeinen Hauskatze der Fall ist oder auch bei einigen anderen Rassekatzen. Ihre Bindung an ihren Menschen ist meist so stark, dass sie dadurch zu deutlich mehr Interaktion bereit ist und wir ihre Intelligenz dadurch auch viel besser wahrnehmen können. Du selbst kannst sie zum Beispiel an ihrer überaus großen Neugier und ihrem unersättlichen Interesse an ihrer Umwelt ausmachen. Beides kennst Du von Deiner Siamkatze wohl zur Genüge.

Was sind die Unterschiede zum Hundetraining?

Um ehrlich zu sein, gibt es kaum Unterschiede beim Trainieren von Katzen im Vergleich zum Training mit Hunden. Die Vorgehensweise ist bei beiden gleich und sollte auf der klassischen oder opernanten Konditionierung beruhen. Das Training an sich ist daher fast identisch.

Einzig die Feinheiten unterscheiden sich. Viele Hunde verfügen über einen sogenannten „will to please", das heißt, sie wollen uns Menschen gefallen. Dieser vereinfacht das Training selbstverständlich sehr. Während viele Hunde nicht in Frage stellen, ob das, was der Mensch von ihnen will, für sie überhaupt logisch und notwendig ist, ist genau das bei Katzen anders. Zwar ist es bei Rassekatzen, die schon seit Generationen selektiv gezüchtet wurden, nicht mehr so stark ausgeprägt, wie bei der normalen Hauskatze, aber dennoch sind die meisten Katzen nicht bereit, ihrem Menschen blind zu folgen. Ihnen ist es wichtig, einen Sinn in einer Übung zu erkennen. Und ihnen diesen Sinn zu vermitteln, ist eine der wichtigsten Aufgaben für Dich. Entweder muss die Übung an sich schon so interessant sein, dass es Deine Katze freiwillig und gerne macht oder Du musst es für sie durch Leckerchen interessant machen.

Und bei dem Thema Leckerchen sind wir schon beim nächsten Unterschied angelangt. Zeigt ein Hund beim Training zunächst nur wenig Motivation, kann er durch das Weglassen von einer oder mehreren Mahlzeiten extrem gut zur Mitarbeit bewegt werden. Bei Katzen funktioniert dies nur in begrenztem Maß. Zwar lassen sich Katzen auch durch Futter motivieren, aber wenn eine Katze keine Lust hat, sich am Training zu beteiligen, dann hilft meist auch ein Essensentzug nicht viel. Deine Siamkatze muss dann schon extrem hungrig sein, um sich zur Teilnahme herabzulassen. Im Gegensatz dazu lassen sich Katzen gut durch ihre angeborene Neugierde motivieren. Zeigt Deine Siamkatze zunächst kein Interesse, dann ignoriere sie und beschäftige Dich selbst begeistert mit dem neuen Spielzeug. Meist dauert es dann nicht lange, bis Deine Katze herausfinden möchte, was Du da Tolles hast.

Außerdem habe ich die Erfahrung gemacht, dass sich Katzen sehr stark an ihrer täglichen Routine orientieren. Sie wissen feste Spiel- und Trainingszeiten sehr zu schätzen und zeigen während diesen deutlich bessere Ergebnisse. Fragen wir außerhalb dieser Zeiten ein bestimmtes Verhalten ab, kann es sein, dass sich Deine Siamkatze komplett verweigert. Die größte Animation und das schmackhafteste Leckerchen sind dann oft wirkungslos und treiben manch einen Katzenhalter in die Verzweiflung. Wenn Deine Katze eine Übung jeden Morgen um 9:00 Uhr perfekt beherrscht, heißt das nicht, dass sie diese auch außerplanmäßig um 15:35 Uhr wiederholt, wenn Gäste zu Besuch sind und Du das neuste Kunststückchen vorführen möchtest.

Und abschließend sind die meisten Katzen nicht bereit, einen Pfotenschlag mehr zu tun, als unbedingt notwendig ist. Während viele Hunde oft mehr geben und zeigen, als ihre Halter von ihnen verlangen (um in dessen Gunst noch weiter aufzusteigen), zeigen Katzen meist nur das Nötigste oder vielleicht ein My weniger. Auch damit musst Du als Halter zurechtkommen.

Wichtig ist in der Regel – egal ob Du einen Hund oder eine Katze trainierst – dass Du Deine eigenen Erwartungen nicht zu hoch schraubst, und Dich an den Bedürfnissen Deines Tieres orientierst. Es wird sicherlich Katzen geben, die bereitwilliger lernen als manch ein Hund. Mache Dir und vor allen Dingen Deiner Siamkatze nicht zu viel Druck und behalte immer im Hinterkopf, dass das Training euer gemeinsames Hobby und damit eine Spaßaktivität für euch beide sein soll.

Besonderheiten bei Deiner Siamkatze

Wie bereits erwähnt, weist die Rasse der Siamkatze fast schon einen „will to please" auf, den wir in einer ähnlichen Form von Hunden kennen. Sie ist zwar immer noch eine Katze und verhält sich auch so, aber ihre Trainingsbereitschaft wird größer sein als bei anderen Katzen.

Begehe aber bitte nicht den Fehler, von Anfang an zu hohe Erwartungen an sie zu stellen. Sie ist und bleibt eine Katze, die ihren eigenen Willen hat. Die auf Routine wert legt und die sich häufig weigert, ihr Interesse zu zeigen. Lerne Deine Katze langsam kennen, erkenne die Feinheiten in ihrer Körpersprache und passe Dein Training an sie an.

Die 10 Grundregeln zum erfolgreichen Trainieren

Um das Training mit Deiner Siamkatze so erfolgreich wie möglich zu gestalten, gebe ich Dir in diesem Kapitel die 10 Grundregeln zum erfolgreichen Trainieren an die Hand. Mit diesen „Regeln" machen wir es Deiner Katze so leicht wie möglich, am Training teilzunehmen und Dich zu verstehen.

1. Regel: **Erhöhe die Anforderungen immer nur in kleinen Schritten**

Beim Katzentraining gibt es nur eine Person, die bestimmt, wie schnell ihr vorankommt und das bist in der Regel nicht Du. Egal wie gut Du planst, einzig Deine Siamkatze bestimmt, wie schnell ihr vorankommt – oder eben auch nicht. Bei fast allen Trainingssituationen willst Du Deiner Katze ein neues Verhaltensmuster antrainieren und das geht meist nur in kleinen Schritten. Wichtig ist, dass Du die Anforderungen immer nur so weit erhöhst und nur so viel forderst, dass Deine Siamkatze noch eine realistische Chance auf einen Erfolg hat. Im Zweifel gehst Du daher lieber zwei kleine Schritte als einen großen. Willst Du Deiner Siamkatze beispielsweise antrainieren, dass sie auf Kommando in die Transportbox geht, dann solltest Du zunächst damit beginnen, einen Blick zur Transportbox zu belohnen, dann eine Bewegung hin zur Transportbox, dann ein Schnüffeln an dieser und so weiter. Erwarte nicht, dass

Deine Katze sofort versteht, dass sie in die Box gehen soll. Mit vielen kleinen Schritten kommst Du schlussendlich schneller ans Ziel als mit wenigen großen.

2. Regel: Trainiere immer nur ein Kriterium auf einmal

Auch wenn es selbstverständlich klingen mag, so wird diese Regel dennoch häufig missachtet. Lege Dich immer auf ein spezielles Kriterium fest, das Du mit Deiner Siamkatze trainieren möchtest und belohne sie dementsprechend. Trainierst Du beispielsweise gerade Männchen machen, dann konzentriere Dich ausschließlich darauf, dass sie in die richtige Stellung kommt. Wenn Du als zusätzliches Kriterium noch die Dauer und eventuell die Höhe mit dazu nimmst, wird Deine Siamkatze damit überfordert sein. Sie wird nicht unterschieden können, ob sie kein Leckerchen bekommen hat, weil sie zu schnell wieder runter ging oder weil sie nicht hoch genug kam. Mit zu vielen Kriterien auf einmal wirst Du Dein Training verwässern, Deine Katze verunsichern und für einen verminderten Trainingserfolg sorgen.

3. Regel: Reduziere alle Ablenkungen

Gerade für eure ersten Trainingserfahrungen, aber auch für das Erlernen von neuen Trainingsinhalten ist es wichtig, dass Du alle Ablenkungen so gut wie möglich reduzierst. Ich empfehle, dafür einen ruhigen Raum zu wählen, wo beispielsweise nicht parallel der Fernseher läuft, ein Glockenschlag ertönt oder andere Reize auf Deine

Siamkatze ausgeübt werden. Sowohl andere Personen als auch andere Haustiere solltest Du für die Zeit des Trainings ebenfalls aus dem Zimmer verbannen, da auch sie eine Ablenkung darstellen können. Das gilt insbesondere für Kinder, da sie selten für längere Zeit still an einem Ort sitzen bleiben können. Sitzt ein Trick, kannst Du damit beginnen, die Ablenkungen schrittweise und langsam zu erhöhen. Die Krönung eines jeden Trainingserfolges ist, wenn Deine Siamkatze trotz Ablenkung konzentriert mitarbeitet.

4. Regel: Nur ein Trainer pro Trick

Sollte neben Dir noch eine weitere Person mit Deiner Katze trainieren, solltet ihr euch bezüglich des Trainings sehr detailliert absprechen. Ich habe die Erfahrung gemacht, dass Katzen besser und schneller lernen, wenn sie einen Trick bis zu seiner Verinnerlichung nur mit einer Person trainieren. Erst, wenn das neue Kommando perfekt sitzt, kann dieses selbstverständlich auch von jeder anderen Person angewendet werden. Der Grund für diese Regel liegt mal wieder im Detail: Auch wenn Du und Dein Trainingspartner euch wirklich bemüht, so werdet ihr das Training nie identisch durchgeführt bekommen, auch wenn ihr euch bezüglich Zeichen und Anforderungen genau absprecht. Manchmal kann schon ein kleiner Unterschied in der Körperhaltung dafür sorgen, dass Deine Katze verwirrt ist und nicht weiß, was Du von ihr willst. Sprecht euch daher ab und regelt von Beginn an, wer welche Trainings einführt und trainiert.

5. Regel: Selbstbedienung ist nicht erlaubt

Stelle sicher, dass Deine Siamkatze keinen dauerhaften Zugang zu ihrem Futter hat. Wie Du aus Teil 1 dieser Reihe bereits weißt, ist es für Katzen nicht gut, zu jeder Zeit an ihr Futter zu kommen. Für sie und ihren Rhythmus ist es besser, wenn Du sie nur zu bestimmten Zeiten fütterst und die Reste nach der Fütterung sofort entsorgst. Dieser Aspekt ist besonders wichtig, wenn Du mit Deiner Katze trainieren möchtest. Zwar habe ich im vorherigen Kapitel geschrieben, dass sich Katzen durch Futterentzug nicht genauso gut motivieren lassen wie Hunde, aber eins ist ebenfalls klar: Eine immer satte Katze lässt sich fast gar nicht über Futter motivieren. Wieso auch, schließlich braucht sie nur zu ihrem Napf zu gehen und bekommt dort das Futter ohne, dass sie vorher eine Gegenleistung erbringen muss. Daher ist es für Dein Training ebenfalls sinnvoll, immer ganz besondere Leckerchen zu verwenden. Deine Katze sollte diese lieben und ausschließlich (und hiermit meine ich wirklich ausschließlich) während des Trainings erhalten. So bleibt es etwas Besonderes und erhöht die Motivation.

6. Regel: Konzentration muss da sein

Ein Training macht nur dann Sinn, wenn Deine Siamkatze mit Konzentration bei der Sache ist. Alles andere führt zu

Misserfolgen, welche wiederum schlecht für die Motivation und das allgemeine Trainingsklima sind. Denn nur, wenn das Training für Deine Siamkatze mit Spaß (und damit mit Erfolg) verbunden ist, werdet ihr es auch dauerhaft betreiben können. Erwarte am Anfang nicht, dass sich Deine Katze allzu lange auf das Training konzentrieren kann. Dasselbe gilt für besonders junge Katzen. Schraube Deine Erwartungen herunter und sei schon mit 1 bis 5 Minuten konzentrierten Trainings zufrieden. Mit der Zeit wird sich Deine Siamkatze immer länger konzentrieren können und Du kannst die Zeitspanne erhöhen. Solltest Du ein besonders aktives Kätzchen erwischt haben, könnte es helfen, Deine Samtpfote vor dem Trainieren neuer Tricks erst mal auszupowern z.B. über eine intensive Jagdsession. Achte dabei aber darauf, dass Du Deine Siamkatze nicht zu sehr ermüdest. Sie soll nur so viel Energie verbrauchen, dass sie danach einen deutlich geringeren Drang verspürt, sich mit etwas anderem als Dir zu beschäftigen und sie sich weniger schnell ablenken lässt. Mit der Zeit wirst Du ein Gespür dafür entwickeln, wann genau dieser Moment gekommen ist.

7. Regel: Finde den richtigen Moment zum Aufhören

Das Training zum richtigen Zeitpunkt zu beenden, ist überaus wichtig. Du musst genau den Moment abpassen, in dem Deine Katze sich noch ein letztes Mal konzentriert und bevor die Konzentration vollständig aufgebraucht ist. Auch hierfür wirst Du mit der Zeit ein gutes Gespür entwickeln. Ich empfehle ebenfalls immer, das Training mit einem Erfolg abzuschließen. Auch wenn der Trick, den ihr gerade einstudiert, vielleicht noch nicht so klappt wie Du es gerne hättest, solltest Du nochmal einen Schritt zurückgehen und Deiner Katze so einen leichten Erfolg ermöglichen. Je positiver das eine Training endet, desto freudiger wird sie das nächste erwarten. Ich habe mir mit meinen Katzen auch ein kleines Abschlussritual angewöhnt. So wissen meine Katzen, wann das Training endet und dass wir vom Training in die ausgiebige Belohnungsschmusephase übergehen. Was auf keinen Fall passieren sollte, ist, dass das Training abrupt endet. Die wenigsten Halter machen es mit Absicht, aber es passiert öfters als es gut wäre. Ein Klopfen an der Tür, ein klingelndes Telefon oder ein lautes Geräusch von draußen – schon ist der Mensch abgelenkt, steht auf, verlässt den Raum und lässt seine Katze verwirrt zurück. Deine Siamkatze wird in so einem Moment nicht verstehen, wieso Du plötzlich das Training unterbrochen hast und den Fehler wahrscheinlich bei sich suchen. Geschieht dies häufiger, kann das abrupte Abbrechen des Trainings dazu führen, dass Deine Katze während des Trainings weniger selbstbewusst ist und weniger Eigeninitiative zeigt, da sie fürchtet, dass Du plötzlich wieder das Training beenden könntest. Und das willst Du doch nicht, oder? Beende das Training daher immer vorausschauend und positiv. Manche Dinge müssen dann auch einfach schon mal warten.

8. Regel: **Halte Dich an den Rhythmus**

Wie bereits erwähnt, lieben Katzen einen geregelten Tagesablauf. Deine Siamkatze wird es sehr zu schätzen wissen, wenn Du (oder eine andere Person Deines Haushalts) immer ungefähr zur gleichen Tageszeit mit ihr trainierst. Spontane Übungseinheiten können Deine Katze schon mal aus dem Rhythmus bringen und dafür sorgen, dass sie plötzlich alles Gelernte wieder vergessen hat. Dabei muss es nicht immer auf die Minute die gleiche Zeit sein, aber es sollte ungefähr passen. Überraschenderweise kommen Katzen aber durchaus damit zurecht, wenn der Rhythmus in der Woche leicht anders ist, als am Wochenende – solange dies auch wieder regelmäßig vorkommt.

9. Regel: **Trainiere regelmäßig...**

Und in Punkto Regelmäßigkeit sind wir auch schon bei der vorletzten Regel angelangt. Lasse nicht zu viel Zeit zwischen den einzelnen Trainingseinheiten verstreichen. Einmal wöchentlich zu trainieren, reicht für Deine Siamkatze definitiv nicht aus. Du solltest mindestens einmal am Tag etwas Zeit dafür finden. Ich weiß, das klingt für manche nach einer großen Umstellung, aber sehe es mal so: Das Training soll für Dich keine Pflicht, sondern ein geliebtes Hobby sein. Ja, es wird auch mal frustrierende Momente geben, aber im Großen und Ganzen wird es großartig sein, mit Deiner Siamkatze auf so intime Art zu interagieren und an euren gemeinsamen Erfolgen zu wachsen. Ich hoffe, dass

Du ebenso wie Deine Siamkatze schon bald so begeistert vom gemeinsamen Training sein wirst, dass ihr beide die nächste Session kaum abwarten könnt.

10. Regel: … und wiederhole oft
Neben der Regelmäßigkeit ist aber auch die Wiederholung überaus wichtig. Ein neu einstudierter Trick muss mindestens zwischen 100- und 200-Mal richtig ausgeführt werden, bis er sich wirklich im Langzeitgedächtnis Deiner Siamkatze verankert hat. Das ist deutlich öfters, als den meisten lieb ist. Natürlich wird Deine Siamkatze manchmal auch schon nach 10 Wiederholungen wissen, was Du von ihr willst. Damit sie das aber auch noch bei der nächsten Trainingseinheit weiß, und am besten auch noch in einem Jahr, führt kein Weg an den 100 bis 200 erfolgreichen Wiederholungen vorbei. Mit erfolgreich meine ich, dass Deine Siamkatze Deine Erwartung zu 100 % erfüllt. Das heißt, sie macht genau das, was Du von ihr willst. Selbstverständlich musst Du beim Training jetzt nicht mitzählen oder Strichliste führen. Aber mir geht es mit dieser doch sehr hohen Zahl an Wiederholungen darum, dass Du verstehst, dass ein einmaliger oder zweimaliger Erfolg nicht ausreicht, sondern zahlreiche Wiederholungen das A und O zum dauerhaften Trainingserfolg sind.

- Kapitel 3 -

Sonderkapitel: Clicker-Training

Clicker-Training ist heutzutage in aller Munde, wenn es um das Trainieren von Haustieren geht. Die wenigsten Tierhalter beschäftigen sich jedoch richtig mit dem Thema, sondern kaufen sich im Tierfachhandel einen Clicker, klickern munter drauf los und wundern sich dann, dass das Training nicht den gewünschten Erfolg bringt.

Damit Dein Clicker nicht nach wenigen Wochen ungenutzt in einer Schublade verschwindet, habe ich meinem Ratgeber dieses Sonderkapitel hinzugefügt. Die Möglichkeiten, die Dir das Clicker-Training bietet, sind riesig und ich persönlich bin ein großer Fan davon. Wie bei allen Trainingsmethoden gibt es aber auch beim Klickern ein paar Grundsätze, an die sich jeder Trainer besser halten sollte. Welche das sind, woher dieses besondere Training eigentlich kommt und wie Du es in das Training mit Deiner Siamkatze integrieren kannst, erfährst Du auf den nachfolgenden Seiten. Ich werde auch in den nachfolgenden Kapiteln immer wieder Bezug auf das Clicker-Training nehmen und es in die Beispiele integrieren, da ich von seiner Effektivität überzeugt bin.

WAS IST CLICKER-TRAINING?

Da Du Dich für Katzentraining interessierst, gehe ich davon aus, dass Du bereits in irgendeiner Form vom Clicker-Training gehört hast. In den USA ist es bereits weit verbreitet und langsam fasst es auch in Europa und Deutschland Fuß. Doch nur die wenigsten wissen, wofür es wirklich gedacht ist und wie Du es am effektivsten einsetzt, da es leider schon einige Missverständnisse bezüglich des Clicker-Trainings gibt. Damit es Dir besser ergeht, erfährst Du in diesem kurzen Exkurs, was Du über das „Klickern" wissen musst und erhältst zudem ein paar Einführungsübungen zum Start. Ich persönlich bin von dieser Form des Trainings sehr überzeugt und wende es bei all meinen Tieren mit großem Erfolg an.

Im Gegensatz zu dem, was viele vermuten, ist Clicker-Training nicht einfach eine Ergänzung des normalen Trainings um einen „Klick". Es ist nicht dazu gedacht, dass bei korrekter Ausführung eines Befehls als Zusatz zum Leckerchen zunächst geklickt wird, um erst dann das Leckerchen zu geben. Diese Vorstellung hält sich zwar beharrlich, sie gibt aber nur einen Bruchteil dessen wieder, was Clicker-Training wirklich ist.

Was korrekt an dieser Vorstellung ist, ist, dass Deiner Siamkatze durch ein Signal angezeigt wird, dass sie sich richtig verhalten hat. Was bei dieser Vorstellung allerdings ausgelassen wird, ist die komplett andere Herangehensweise, die auf „Trial-and-Error" (auf Deutsch: Versuch und Irrtum) basiert. Das heißt konkret: Deiner Siamkatze wird bei dieser Trainingsmethode keine Verhaltensweise von Dir vorgegeben, aber immer, wenn sie spontan ein gewünschtes Verhalten zeigt, wird dieses zuerst durch ein Klicken und anschließend durch eine Belohnung markiert.

Richtig eingesetzt sorgt Clicker-Training dafür, dass Deine Siamkatze nicht nur lernt, Befehle zu befolgen, wie es im normalen Training der Fall ist, sondern Handlungen aktiv vorzuschlagen. Sie wird somit von einer passiven Befehlsempfängerin zu einer aktiven Mitgestalterin eures Trainings. Wenn Dich diese Art des Trainings reizt, kannst Du damit eine ganz neue Form der Zusammenarbeit mit Deiner vierbeinigen Freundin entdecken.

Ursprünglich stammt das Clicker-Training übrigens aus dem Delfin-Training und wurde bisher schon bei den unterschiedlichsten Tierarten erfolgreich eingesetzt. Dazu gehören Ratten, Vögel und Kaninchen ebenso wie Fische, Wale und Chinchillas. Und obwohl es so erfolgreich ist, handelt es sich um kein Hexenwerk. Ganz im Gegenteil beruht es ganz einfach auf den Grundlagen der Verhaltensforschung, die besagen, dass jedes Verhalten von seinen Konsequenzen bestimmt wird. Das heißt für Dich: Belohnst Du positives Verhalten, wird Deine Siamkatze begierig sein, dieses wieder zu zeigen.

Clicker-Training hat für mich zwei entscheidende Vorteile. Den ersten habe ich bereits im vorherigen Kapitel erwähnt. Es ist die Tatsache, dass Deine Siamkatze bei dieser Form des Trainings dazu animiert wird, sich selbst etwas zu überlegen und Dir verschiedene Aktivitäten anzubieten. Das fördert ihre Intelligenz auf eine ganz andere Art, als die gängigen Methoden.

Daneben verfügt es noch über einen anderen großen Vorteil: Richtig eingesetzt werden neue Aktionen deutlich schneller von Deiner Katze verinnerlicht als ohne Clicker. Der immer gleiche Klicklaut wird von den meisten Katzen unglaublich schnell als Belohnungsankündigung verstanden und sorgt bei einem guten Timing für ein deutlich effektiveres Training.

Häufig gestellte Fragen

Auf den nächsten Seiten beantworte ich Dir kurz und knapp die häufigsten Fragen zum Clicker-Training.

Was benötigst Du für das Clicker-Training?

Das ist das Gute an diesem Training, denn eigentlich benötigst Du nicht viel. Selbst der namensgebende Clicker wird nicht unbedingt benötigt, denn stattdessen kannst Du auch ein Zungenschnalzen, einen Piepton oder etwas ähnliches verwenden. Im Delfintraining, von dem diese Methode ursprünglich stammt, wird übrigens eine Pfeife verwendet. Gerade für Anfänger lautet meine klare Empfehlung jedoch, sich einen handelsüblichen Clicker zu kaufen, der im Tierfachhandel schon für wenige Euro zu haben ist. Im Vergleich zu einem Wortkommando verfügt dieser nämlich über folgenden Vorteil: Er klingt immer gleich. Keine Emotionen, keine Ablenkungen oder gesundheitliche Beeinträchtigungen haben Einfluss auf den Ton, was essentiell für das Training ist.

Zusätzlich zum Clicker benötigst Du noch einen Verstärker. Auch hier gibt es viele Möglichkeiten, ich empfehle aber gerade für Anfänger ganz klar Futter. Habe daher immer besonders schmackhafte Leckerchen in Griffweite, um Deine Siamkatze zeitnah belohnen zu können.

Und zu guter Letzt benötigst Du natürlich noch eine Katze, ansonsten würde das Training auch keinen Sinn machen.

Wie funktioniert das Clicker-Training?

Damit das Clicker-Training mit Deiner Siamkatze auch klappt, ist es wichtig, dass sie erstmal eine Verbindung zwischen dem Klicklaut und der positiven Verstärkung (z.B. Leckerchen) herstellt. Wie genau das geht, erkläre ich später noch.

Danach ist es dann immer wieder dieselbe Vorgehensweise, unabhängig davon, wie weit im Training Du schon bist:

1. Du wartest, bis Deine Katze das von Dir gewünschte Verhalten aufweist.
2. Das richtige Verhalten wird von Dir mit einem Klick markiert.
3. Im Anschluss wird das richtige Verhalten mit einer Belohnung verstärkt.

Wie bringst Du Deine Katze dazu, das gewünschte Verhalten von sich aus zu zeigen?

Diese Frage ist der Kern des Trainings, denn Du unternimmst aktiv überhaupt nichts. Dein Job besteht darin abzuwarten, bis das gewünschte Verhalten von Alleine auftritt. Du kannst Deine Siamkatze allerdings durch Klicken zum richtigen Verhalten anleiten, indem Du Anfangs beispielsweise schon kleinere Erfolge mit Klicken belohnst.

Wie genau das geht, erfährst Du bei der Vorstellung der Trainingsmethode.

Benötigst Du den Clicker und das Leckerli die ganze Zeit?

Nein. Am Anfang musst Du noch für jedes richtige Verhalten klicken. Ist dieses Verhalten verinnerlicht und wird es selbst mit dem später hinzugefügten Sprachkommando korrekt ausgeführt, brauchst Du nicht mehr klicken.

Auch die Belohnung (der Verstärker) muss wie bereits erwähnt nicht unbedingt aus einem Leckerli bestehen. Je nach Katze kann es auch eine Schmuse- oder Spieleinheit sein. Außerdem solltest Du die Belohnung langsam abbauen, wenn Deine Siamkatze die Übung verinnerlicht hat.

Bei welchem Tier kannst Du das Clicker-Training anwenden?

Bei jedem! Dabei ist es vollkommen egal, um welche Rasse es sich handelt. Auch das Alter spielt keine Rolle. Du kannst es mit einem Kitten üben, aber auch mit einem Senior. Beide werden es schnell verstehen und ihren Spaß an den Übungen haben. Solltest Du mal das Gefühl haben, dass Deine Katze zu „dumm" ist, um eine bestimmte Übung zu verstehen, dann sei unbesorgt. Viel wahrscheinlicher ist, dass bei eurer gemeinsamen Kommunikation etwas schiefgelaufen ist. Ändere Deine Vorgehensweise (meist empfehle ich in diesen Fällen, die Trainingsschritte deutlich zu verkleinern) und in den meisten Fällen klappt es dann.

Kannst Du auch mit mehr als einer Katze das Clicker-Training gleichzeitig durchführen?

Ja! Einzelhaltung ist für Katzen niemals optimal und so stellt sich die oben genannten Frage vielen Haltern. Das Aussperren der Katzen, die gerade nicht trainiert werden sollen, funktioniert nur selten. Haben die Katzen einmal verstanden, welchen Spaß und was für Belohnungen das Clicker-Training bietet, werden sie vor der Tür schnell Randale machen, wenn sie ausgesperrt werden. Mit der Ruhe ist es dann vorbei und die ausgewählte Trainingskatze kann sich nur schlecht konzentrieren. Als Lösung eignet sich, jede Katze auf ein individuelles Clicker-Geräusch zu konditionieren. Haben die Katzen gelernt, welches Geräusch für sie bestimmt ist, macht auch das Training mit mehreren Katzen gleichzeitig Spaß. Erleichternd kann es zudem sein, wenn Du zusätzlich den Namen Deiner Katze verwendest. Sage immer an, welche Katze jetzt gemeint ist und verwende dann auch nur deren Clicker. Die andere Katze wird nicht mit einem Klick belohnt, auch wenn sie ebenfalls das richtige Verhalten gezeigt hat. Das Training mit mehreren Katzen gleichzeitig erfordert deutlich mehr Geduld und Selbstorganisation von Dir als Halter, es ist aber möglich und kann sogar den Spaßfaktor noch deutlich erhöhen.

VORSTELLUNG DER TRAININGSMETHODEN

Auf den nächsten Seiten stelle ich Dir endlich das Clicker-Training genauer vor. Du erfährst von mir, wie Du Dein Timing trainierst, wie Du eine positive Verknüpfung zum Clicker aufbaust und wie Du die ersten Übungen trainieren kannst.

Wichtig für Dich zu wissen ist, dass dieses Kapitel keine allumfassende Erläuterung des Clicker-Trainings darstellt. Du erhältst von mir einen kurzen Überblick und ich führe Dich in den Trainingsaufbau ein. Wenn Du Gefallen an der Methode findest, kannst Du alle nachfolgenden Trainingseinheiten aus diesem Buch hervorragend damit trainieren, es ist aber nicht zwingend erforderlich. Alle Methoden kannst Du ebenfalls vollkommen ohne Clicker anwenden, doch die nachfolgenden Seiten werden Dir dabei helfen, die Übungen später eigenständig auf das Clicker-Training zu übertragen.

DEIN TIMING TRAINIEREN

Wie bei den meisten Trainings, die ich Dir in diesem Buch vorstelle, ist auch beim Clicker-Training das Timing das A und O. Da Du vorher noch nie mit einem Clicker gearbeitet hast, empfehle ich Dir, dessen richtigen Einsatz zu üben. Hierbei sollte das Üben erstmal ohne Deine Katze stattfinden.

Am besten ist es sogar, wenn Du noch einen Helfer dazu nimmst. Dieser Helfer sollte einen Ball in der Hand halten und Du den Clicker. Falls Du keinen Helfer hast, übernimmst Du beide Parts. Konzentriere Dich jetzt vollkommen auf den Ball. Dein Helfer lässt ihn ohne Vorwarnung fallen und Du klickst genau in dem Moment, in dem der Ball auf dem Boden aufkommt. Wiederhole dies einige Male, bis Dein Timing perfekt ist.

Danach nehmt ihr eine Steigerung vor. Diesmal lässt Dein Helfer den Ball nicht ohne Vorwarnung fallen, sondern wirft ihn in die Luft. Du klickst diesmal, wenn er seinen höchsten Punkt erreicht hat – nicht früher und nicht später. Erst wenn Dein Timing hier perfekt ist, kannst Du das Training mit Deiner Katze starten.

Deine Siamkatze sollte sich währenddessen nicht in Hörweite des Clickers befinden, wir wollen schließlich nicht, dass sie mit dem Geräusch jetzt schon etwas verbindet.

Clicker-Verknüpfung aufbauen

Zum jetzigen Zeitpunkt hat Deine Siamkatze zum Geräusch des Clickers noch keine Verbindung aufgebaut – wie sollte sie auch, für sie ist es ein Geräusch wie jedes andere. Doch das wollen wir jetzt ändern und Du wirst überrascht sein, wie schnell das geht. Wir arbeiten in diesem Fall mit der klassischen Konditionierung. Das heißt, wir wollen erreichen, dass Deine Katze wann immer sie einen Klick hört, Futter von Dir erwartet.

Halte für das nachfolgende Training den Clicker und eine Belohnung bereit. Dies kann ein Leckerchen sein, muss es aber nicht. Wichtig ist, dass sich Deine Katze darüber freut und sie es immer wieder haben will. Für die meisten Anfänger ist Futter die einfachste Alternative, daher erwähne ich im Folgenden das Leckerchen als Belohnung, Du kannst dies aber ohne Probleme durch eine andere Belohnungsform ersetzen.

Kommen wir zur Übungsvorbereitung:

Am besten setzt Du Dich in einem Schneidersitz auf den Boden. Halte die Leckerchen versteckt in der linken Hand. Diese kannst Du neben Deinen Körper oder hinter Deinen Rücken halten. Deine Siamkatze sollte sie im besten Fall gar nicht wahrnehmen, denn wir wollen ja, dass sie sich auf Dich und nicht auf die Leckerchen konzentriert. Den Clicker hältst Du in der rechten Hand. Solltest Du ein Linkshänder sein, kannst Du die Hände selbstverständlich gerne tauschen. Setze oder stelle Deine Katze vor Dich und beginne mit der Übung:

1. Du klickst einmal.
2. Unmittelbar darauf präsentierst Du mit der Linken das Leckerchen, welches Du Deiner Siamkatze auch sofort reichst. Die Zeitspanne zwischen Klick und Leckerchengabe sollte nicht länger als 1 Sekunde betragen.

Diese Verkettung von „Klick" und Belohnung wiederholst Du mindestens 20- je nach Katze auch gerne 30-Mal. Wiederhole dieselbe Übung am Folgetag. Bei den meisten Katzen wird die Verknüpfung jetzt schon stehen. Sollte es bei Deiner Siamkatze noch nicht der Fall sein, dann wiederhole die Übung an jedem Folgetag, bis Du Dir sicher bist, dass der Klick erfolgreich verknüpft wurde.

Doch wie stellst Du fest, dass die Verknüpfung besteht?

Um das festzustellen, klickst Du einmal, wenn Deine Katze mit irgendetwas anderem beschäftigt ist – beispielsweise Markieren am Kratzbaum. Reagiert sie dann und schaut Dich aufmerksam und erwartungsvoll an, hat die Verknüpfung erfolgreich funktioniert.

Wichtig ist, dass Du das Klicken nach dieser Erkenntnis für nichts anderes mehr einsetzt, als ein positives Verhalten zu markieren. Verwässere die Klick-Verbindung nicht, indem Du sie jetzt nutzt, um Deine Siamkatze zu rufen oder um ihre Aufmerksamkeit zu erhalten. Merke Dir, dass der Clicker jetzt nur noch exklusiv eingesetzt wird, um ein richtiges Verhalten zu markieren.

Folgende Tipps habe ich noch für Dich, für diese erste Trainingseinheit:

- Zeige ihr die Leckerchen unbedingt erst nach dem Klick.
- Bemühe Dich, das Leckerchen unmittelbar nach dem Klick zu geben (max. 1 Sekunde!).
- Ziele mit dem Clicker nicht auf Deine Siamkatze, das wird von manchen Katzen als Aggression wahrgenommen.
- Schaue ihr nicht in die Augen.
- Sprich kein Wort während der gesamten Übung. Ein gesprochenes Lob ist in dieser Übungsphase eher kontraproduktiv, da Du damit die Verknüpfung aufweichen kannst.

Diese Übung ist recht leicht und mag für manche unsinnig wirken. Tatsächlich legt sie aber den Grundstein für das nachfolgende Training. Das große Manko beim traditionellen Training ist das Timing. Wie Du bereits gelernt hat, geht es darum, positives Verhalten umgehend zu belohnen. In der Praxis lässt sich das jedoch oft nur schwer umsetzen.

Willst Du Deine Siamkatze beispielsweise für einen Sprung durch einen Reifen belohnen, müsstest Du das idealerweise machen, wenn sie den Reifen gerade durchspringt und nicht erst nach der Landung. Eine Lösung für dieses Dilemma bietet Dir das Markersignal durch den Clicker. Ist das Klicken (durch diese Übung hier) erst einmal richtig konditioniert, kannst Du es hervorragend verwenden, um das erwünschte Verhalten (z.B. während des Durchspringens des Rings) zu markieren.

Wichtig ist, das Markersignal „markiert" nur die Belohnung, es ersetzt sie nicht. Auch wenn Du durch diese Übung die Verknüpfung zwischen dem Klicken und einer Belohnung herstellst, muss die Belohnung im Anschluss an das Klicken weiterhin erfolgen. Wann immer Du klickst, ohne im Anschluss eine Belohnung zu geben, reduzierst Du automatisch die Konditionierung und damit die Wirksamkeit des Clickers.

Im nächsten Kapitel erfährst Du jetzt, wie Du mit einer einfachen Übung das weitere Clicker-Training angehst.

Futter-Ignorieren-Übung

Die »Futter-Ignorieren«-Übung ist ein guter Start, um Deiner Siamkatze zu verdeutlichen, worauf es beim Clicker-Training ankommt. Denn bei dieser Übung soll sie nicht auf das Futter achten, sondern ein alternatives Verhalten zeigen.

Auch für diese Übung kann es hilfreich sein, einen Helfer zu haben. Solltest Du keinen Helfer zur Hand haben, ersetzt Du die helfenden Hände durch Plastikbecher, unter denen Du das Futter versteckst.

Doch gehen wir mal davon aus, dass Dich jemand unterstützt. Gebe dieser Person ein paar Leckerchen, die sie mit einer Hand umschließt. Lass sie sich in den Schneidersitz auf den Boden setzen und beide Hände vor sich austrecken. Deine Siamkatze bringst Du genau vor dieser Person in Stellung. Du selbst stellst oder kniest Dich so hinter die Person, dass Du sowohl die Hände, als auch Deine Siamkatze gut sehen kannst.

Warte jetzt das Verhalten Deiner Katze ab. Instinktiv wird sie sich für die Futterhand interessieren und diese ausgiebig beschnuppern. Doch das ist nicht unser Ziel bei dieser Übung. Wir wollen, dass sie die Futterhand ignoriert und die andere Hand mit der Nase berührt. Nur dann wollen wir Klicken und ihr ein Leckerchen aus der Futterhand geben. In den wenigsten Fällen wird Deine Siamkatze das allerdings von sich aus machen – insbesondere zu Beginn eures Clicker-Trainings, wenn sie es noch nicht gewohnt ist, Dir verschiedene Aktionen anzubieten. Daher musst Du sie ein bisschen unterstützen.

Das geht wie folgt:

Lasse Deinen Helfer die Hände zu Beginn nah beieinander halten – ca. 20 cm voneinander entfernt. Als Zwischenschritt klickst Du jetzt schon, sobald Deine Katze von der Futterhand für einen kurzen Moment ablässt oder sie vielleicht schon zur anderen Hand schaut. Klappt vor allem Letzteres gut, stellst Du das Klicken vorerst ein, denn jetzt reicht es Dir nicht mehr, dass sie nur zur Hand schaut.

Deine Katze wird jetzt wahrscheinlich empört sein, denn sie erwartet ihre Belohnung. Warte aber ab, was sie macht und belohne sie durch einen Klick, sobald sie sich der anderen Hand auch nur ein wenig nähert. Das kann mitunter etwas dauern, aber irgendwann wird sie es tun und dann ist Dein Moment gekommen. Klicke und gebe ihr die Belohnung. Wiederhole auch das, bis es gut funktioniert. Dann kommt die nächste Steigerung, sie muss sich noch mehr nähern. Wenn auch das klappt, lässt Du sie entweder nochmal näherkommen oder gehst direkt dazu über, dass Du eine Berührung für den nächsten Klick verlangst.

Für die meisten Halter ist die größte Herausforderung beim Clicker-Training nicht das Timing und auch nicht das Warten, sondern das Schweigen. Vielleicht ist Dir aufgefallen, dass ich Dir bis jetzt noch kein Kommando genannt habe und das ist auch Absicht. Beim Clicker-Training wird kaum gesprochen. Erst, wenn Deine Siamkatze die Übung zu Deiner vollen Zufriedenheit erfüllt und Du willst, dass sie diese später auf Kommando wiederholt, beginnst Du, dieses synchron zum Klicken einzuführen. Erst zu dem Zeitpunkt und dann auch ausschließlich das Kommandowort ist alles, was Du beim Clicker-Training sagst – kein Loben und vor allen Dingen kein unnötiges Reden zwischendurch.

Ich weiß, wie schwer das am Anfang ist, doch aus eigener Erfahrung kann ich Dir versichern, dass es das Training um einiges erfolgreicher gestaltet.

Um Deine Siamkatze am Anfang nicht zu überanstrengen, empfehle ich, die Übungseinheiten kurz zu halten, etwa 10 - 15 Klicks (inklusive Belohnung) reichen aus. Spiele danach mit Deiner Siamkatze oder gehe in eine Schmuseeinheit über. Am Tag kannst Du dies 3- bis 5-Mal wiederholen. Achte aber darauf, dass Deine Siamkatze geistig fit genug ist. Sollte sie nach einer Einheit vollkommen ausgelaugt sein, was durchaus vorkommen kann, dann lass es für den Tag gut sein und gönne ihr die Pause.

Insbesondere für Katzen, die es bisher immer nur gewohnt waren, auf das Futter zu achten, wird diese Übung eine echte Herausforderung sein. Sie ist aber auch eine gute Lektion, denn sie lernen dadurch, dass es sich für sie auch lohnen kann, das Futter zu ignorieren und dafür etwas anderes zu tun.

ÜBUNG MIT DER KISTE

Kommen wir nun zu einer Steigerung und zu einer meiner Lieblingsübungen. Denn die Übung mit der Kiste wird Dir dabei helfen, die Kreativität Deiner Katze zu trainieren. Gleichzeitig hilft Dir die Übung dabei, die Technik des Clickerns zu verfeinern und sie bereitet Dich somit darauf vor, andere Tricks besser und leichter zu trainieren.

Jetzt fragst Du Dich vielleicht, wie Du Kreativität überhaupt trainieren kannst. Schließlich ist Deine Siamkatze entweder kreativ oder sie ist es eben nicht, oder? Falsch gedacht! Tatsächlich ist es nämlich so, dass sich kreatives Verhalten durchaus antrainieren lässt. Bei den meisten Trainingsformen wird von unseren vierbeinigen Freunden erwartet, dass sie Befehle genau nach unseren Vorstellungen befolgen. Hier ist in der Tat nur wenig Platz für kreatives Verhalten vorhanden und es ist selten erwünscht. Bei dieser konkreten Trainingsübung ist das anders. Hierbei geben wir keine Befehle und wir belohnen explizit ausschließlich neues und unerwartetes Verhalten. Sprich wir klicken nur, wenn die Katze etwas Neues macht. Dieses neue Verhalten verstärken wir so lange, bis es von Deiner Katze automatisch angeboten wird. Jetzt könntest Du natürlich einwenden, dass Deine Katze irgendwann alle ihre natürlichen Verhaltensmuster aufgebraucht hat und Dir nichts Neues mehr zeigen kann. Und genau darum geht es uns auch. Überraschenderweise sind Katzen in diesem Fall nämlich durchaus in der Lage, ihr Verhaltensspektrum zu erweitern. Deine Siamkatze wird durch diese Übung mit der Zeit lernen, dass immer, wenn die Kiste (oder etwas anderes) zum Einsatz kommt, von ihr erwartet wird, etwas Neues zu zeigen. Genauso wie sie bei anderen Übungen lernt, ein bestimmtes Verhalten (wie das Springen durch einen Reifen) zu zeigen. Und genau darin liegt der Anreiz und auch der Spaß an dieser Übung. Sie wird nie langweilig und variiert jedes Mal aufs Neue.

Was benötigst Du neben Clicker, Katze und Verstärker für diese Übung? Nur eine Kiste oder einen Pappkarton oder irgendetwas anderes, mit dem Deine Siamkatze interagieren kann. Idealerweise sollte dieser Gegenstand im normalen Alltag Deiner Katze nicht vorkommen – sprich neu und exklusiv für diese Übung sein.

Zu Beginn der Übung stellst Du die Kiste in den Raum und klickst für alles, was in irgendeiner Form für eine Interaktion Deiner Siamkatze mit der Box steht. Schaut Deine Siamkatze zur Kiste, klickst Du und belohnst sie. Geht sie zur Kiste, klickst Du und belohnst. Schubst sie die Kiste, klickst Du und belohnst, springt sie drauf, klickst du und belohnst und so weiter und so fort. Alles, was mit der Kiste zu tun hat, wird bestärkt.

Jetzt kommt das große ABER: Du belohnst jedes Verhalten nur, wenn es das erste oder höchstens das zweite Mal gezeigt wird. Außerdem sollte es vorher noch nie oder wenigstens schon länger nicht mehr gezeigt worden sein. Auf diese Art „zwingst" Du Deine Siamkatze dazu, sich andauernd etwas Neues zu überlegen, um weiterhin mit Klicks belohnt zu werden.

Wie schon bei der ersten Übung beschrieben, werden einige Katzen empört sein, wenn Du das Klicken für ein Verhalten einstellst, für das Du zuvor noch geklickt hast. Viele zeigen nach der empörten Phase jedoch schnell verstärkt neue Verhaltensmuster, die Du dann wieder belohnen kannst.

Was aber kannst Du machen, wenn Deine Siamkatze partout nichts anbietet und nichts klappen will? Erstmal ist es wichtig zu wissen, dass Du nicht alleine bist. Insbesondere Frischlinge im Clicker-Training sind zu Beginn sehr enttäuscht und schnell frustriert, wenn ihre Katze nicht von Beginn an ein Feuerwerk an Aktionen zündet, sondern erstmal gar nichts macht. Das ist nicht die Ausnahme, sondern eher die Regel, denn sie muss erst lernen, dass Du nicht den Start-Befehl gibst, sondern sie von sich aus aktiv werden soll.

Unterstützen kannst Du sie, indem Du als erstes Deine Erwartungen herunterschraubst. Dies ist eine Einstiegsübung und JEDE Interaktion wird von Dir belohnt und ist ein Erfolg. Jede winzige Kleinigkeit ist toll und richtig. Außerdem muss sich nicht nur Deine Siamkatze hieran gewöhnen, sondern auch Du selbst. Du musst Dich an das Timing gewöhnen und an den Umgang von Klicken und Leckerchen geben. Unterschätze Deinen eigenen Einfluss nicht. Erwarte von euch beiden nicht zu viel – es ist noch kein Meister vom Himmel gefallen und am Anfang zählen die kleinen Fortschritte. Dadurch werdet ihr beide sicherer und mit der Zeit ein eingespieltes Team.

Als Nächstes kannst Du es vereinfachen, indem Du die Kiste direkt neben ihr absetzt oder sie ihr erstmal vor die Nase hältst. Hilft auch das nicht, dann schaue Deine Katze nicht an, sondern ausschließlich die Kiste. Wenn Du zeigst, dass sie für Dich spannend und interessant ist, überträgt sich das sehr häufig auf Deine Siamkatze, denn die natürliche Neugierde ist bei dieser Rasse sehr stark ausgeprägt. Pass aber auf, dass Du nicht den Moment verpasst, wenn sie zur Kiste schaut oder gar geht. Dann wird von Dir sofort geklickt und belohnt!

Mit der Zeit wird es für Deine Siamkatze auch immer schwieriger werden, ein neues Verhalten zu finden. Im Gegensatz zu professionell trainierten Delfinen (von denen auch diese Übung stammt) sind die wenigsten Stubentiger sofort dazu bereit, neues Verhalten zu erfinden, wenn die gängigen Muster alle aufgebraucht sind. Es ist daher nicht ungewöhnlich, wenn euer Training an dieser Stelle einmal stocken sollte. Wichtig ist, dass Du weder bei Dir noch bei Deiner Siamkatze Frust aufkommen lässt. Achte in dieser

Phase wieder besonders auf die Kleinigkeiten und belohne alles, was auch nur den Anschein von Eigeninitiative und Kreativität andeutet.

Ich empfehle Dir darüber hinaus, genau auf die Trainingszeit zu achten. Du glaubst gar nicht, wie anspruchsvoll und anstrengend diese Übung für Deine Katze ist. Es kann daher gut sein, dass ihre Konzentrationsspanne bei dieser besonderen Übung deutlich kürzer ist, als bei anderen. Achte auf die ersten Anzeichen und beende das Training lieber etwas früher von Dir aus, wie wenn es Deine Siamkatze mangels Konzentration von sich aus beendet.

Bei Katzen, die schon vor dieser Übung mit einem Clicker trainiert wurden, habe ich übrigens häufig folgendes Phänomen beobachtet: Die Katzen waren extrem verwirrt. Bis dahin waren sie immer gewohnt, dass ein Klick bedeutet, dass sie etwas toll gemacht haben und dass dieses Verhalten sofort wiederholt werden soll. Doch bei dieser Übung heißt ein Klick zwar auch „Toll gemacht" aber gleichzeitig auch „Zeige mir etwas Neues". Bis Deine Katze diese Umstellung verstanden hat, können einige Trainingseinheiten vergehen, die arg an Deiner Geduld kratzen werden. Halte daher durch in dem Wissen, dass es normal ist und Deine Katze nicht zu dumm ist, um es zu verstehen!

Falls Du das Gefühl haben solltest, dass die Kiste Deine Katze ängstigt oder sie anderweitig verunsichert, dann tausche sie aus und probiere es mit etwas anderem.

Abschließend habe ich noch folgenden Tipp für Dich: Vielen Katzen hilft es, wenn Du das Training mit einem Kommando ankündigst. Dadurch wissen Sie nach einer gewissen Zeit, dass jetzt Eigeninitiative gefragt ist. Ich habe mir beispielsweise angewöhnt, die Übung mit der Box jedes Mal mit dem Kommando »Showtime« zu beginnen. Nach einigen Wiederholungen wird Deine Siamkatze wissen, was Du jetzt von ihr erwartest und Dir von sich aus Verschiedenes anbieten.

Und weil es so wichtig ist, betone ich zum Abschluss nochmal: Überfordere Deine Siamkatze nicht, aber nutze den Clicker häufig. Ich empfehle eine Rate von 10-15 Klicks die Minute. Zu Beginn reicht eine Minute Training vollkommen aus! Denke hierbei an den Grundsatz, lieber kürzer und dafür öfters zu trainieren. Außerdem ist es immer empfehlenswert, die Übung zu beenden, solange Deine Siamkatze noch mit Begeisterung dabei ist.

WEITERE ANREGUNGEN

Ich hoffe, ich konnte Dir auf den vorherigen Seiten ein Gefühl dafür vermitteln, worum es beim Clicker-Training geht. Behalte immer im Kopf, dass Du Dir zwar vorher etwas überlegen kannst, Deine Siamkatze aber von selbst darauf kommen muss. Du gibst nicht mehr Befehle, sondern reagierst nur noch auf die Aktionen Deiner Katze. Unterstützung in Form von Zwischenschritten ist erlaubt, alles andere solltest Du lassen.

Was jedoch auch geht, ist das Training mit einem Targetstick zu erweitern. Diesen kannst Du selbstverständlich käuflich erwerben, eine Fliegenklatsche oder ein herkömmlicher Stab funktionieren aber genauso gut. Wichtig ist, dass das Ende z.B. durch eine auffällige Farbe gekennzeichnet ist und auch etwas dicker ist, damit es nicht aus Versehen mal im Nasenloch landet. So kannst Du beispielsweise auch einen kleinen Ball auf einen Stab stecken.

Zu Beginn solltest Du auch hier erst den Umgang mit dem Stick üben, denn ich empfehle, den Targetstick und den Clicker in eine Hand zu nehmen, damit die andere Hand frei für Futter ist. Den Stab ruhig zuhalten und gleichzeitig zu Klicken, erfordert durchaus etwas Übung. Sobald Du darin sicher bist, halte den Stick vor Deine Siamkatze. Sobald sie ihn anschaut – was so gut wie jede Katze machen wird – klickst Du, und gibst ihr die Belohnung. Während Du das machst, hältst Du den Stick hinter Deinen Rücken. Hole ihn erneut hervor und belohne wiederum jede Kenntnisnahme. Wiederhole dies immer und immer wieder. Auch hier gilt der Grundsatz, dass 10 - 15 Klicks pro Minute erfolgen sollten.

Bist Du damit zufrieden, gehst Du dazu über, nicht mehr nur das Hinschauen zu belohnen. Stelle das Klicken ein und klicke erst wieder, wenn Deine Siamkatze den Stick mit der Nase berührt. Deiner Katze wird es nicht gefallen, dass Du das Klicken einstellst und sie wird in der Regel mit Nachdruck darauf reagieren. Sei bereit, bei der kleinsten Berührung (oder als Zwischenschritt Annäherung) zu klicken.

Klappt dies zuverlässig, kannst Du die nächste Steigerung einführen. Halte den Stick mal etwas höher oder mal etwas tiefer. Lasse Deine Katze sich strecken oder beugen, um ihn jetzt mit der Nase zu berühren. Oder halte ihn alternativ etwas weg, so dass sie ein paar Schritte gehen muss. Lasse sie auf eine Stufe oder einen Hocker steigen. Klicke immer erst dann, wenn sie den Stick mit der Nase berührt. Sei Dir aber bewusst, dass all die Varianten, die ich gerade erläutert habe, das Ergebnis von unzähligen Trainingseinheiten sein werden. Gehe immer nur in kleinen Schritten voran und erhöhe vor allem den Abstand vom Stick zur Katze nur um wenige Zentimeter.

Klappt all das, kannst Du Deiner Fantasie freien Lauf lassen. Klicke zum Beispiel erst wieder, wenn Deine Siamkatze ein paar Schritte mit der Nase an dem Stick läuft. Lasse sie sich im Kreis drehen oder übe damit »Bei Fuß« zu gehen.

Denke an das Redeverbot! Habt ihr zwei allerdings eine Übung zu Deiner Zufriedenheit abgeschlossen, kannst Du das Kommando hinzufügen, indem Du zusammen mit dem Klick das Kommando sprichst. Teste nach einiger Zeit, ob es auch nur mit dem Sprachkommando klappt. Wenn ja, hat sie es verinnerlicht, wenn nicht, gehe nochmal einen Schritt zurück und führe es erneut mit Targetstick und Clicker aus. Erinnere Dich daran, dass ich am Anfang dieses Buches erwähnt habe, dass Katzen meist zwischen 100 und 200 Wiederholungen benötigen, bis sie sich eine Übung dauerhaft gemerkt haben. Verliere also niemals die Geduld.

Weitere mögliche Hilfsmittel neben Stick und Kiste sind alle Gegenstände, die sich zur Interaktion eignen. Mein Geheimtipp sind Flohmärkte, auf denen ich Kleinkinderspielzeug kaufe. Dieses ist günstig, meistens sehr robust und eignet sich hervorragend zum Stupsen, Rollen, Heben und Bewegen. Und hierbei kannst Du wirklich alles nehmen. Stehaufmännchen eignen sich ebenso wie ein Kinderklavier. Ein Spielauto ist genauso hervorragend zur spontanen Interaktion geeignet wie ein Ball oder ein Hula-Hoop-Reifen.

Probiere entweder einfach aus, wie Deine Siamkatze auf die Gegenstände reagiert und entwickle erst im Laufe des

Trainings die Richtung oder überlege Dir schon vorher, was Du sehen willst.

Natürlich kannst Du das Clicker-Training auch vollkommen ohne Gegenstände ausführen. Gerade im fortgeschrittenen Stadium kannst Du später hingehen, den Clicker in der Hand und die Belohnung griffbereit und »Showtime« sagen. Warte ab, worauf Deine Siamkatze Lust hat und gehe darauf ein.

Wenn Du ein normales Verhalten Deiner Katze verstärken möchtest, kannst Du dafür ebenfalls den Clicker verwenden. Als Beispiel nehme ich hier gerne das Strecken nach dem Liegen, was ich gerne als »Diener Trick« bezeichne.

Wenn Du weißt, dass sich Deine Katze gerne nach dem Aufstehen streckt, dann halte Deinen Clicker regelmäßig bereit, wenn sie aufsteht und verstärke es mit einem Klick. Bald schon wird Deine Siamkatze erkennen, dass Du das Strecken toll findest und es gerne öfters sehen möchtest. Starte genau dann damit, das Kommando »Diener« einzuführen und zusammen mit dem Klick zu sagen. Erst wenn das wirklich gut klappt, kannst Du probieren, ob das Sprachkommando ausreicht. Falls nicht, gehe wieder einen Schritt zurück und verstärke das normale Strecken nach dem Aufstehen mit einem Klick und dem Sprachkommando »Diener«.

Du merkst, Dir und Deiner Siamkatze sind keine Grenzen gesetzt. Mit dem Clicker-Training kannst Du dieselben Tricks trainieren wie mit der gängigen Trainingsweise, allerdings ist die Vorgehensweise eine andere. Beide Methoden haben ihre Berechtigung und ich würde keine als besser oder schlechter bezeichnen. Es hängt ganz davon ab, was euch beiden Spaß macht und womit ihr besser zurechtkommt.

- Kapitel 4 -

JAGDSPIELE

Jagdspiele nehmen im Leben der heutigen und insbesondere der domestizierten Katzen meiner Meinung nach einen so wichtigen Platz ein, dass ich ihnen in diesem Buch unbedingt ein eigenes Kapitel widmen musste.

Wahrscheinlich fragst Du Dich jetzt, wieso Jagdspiele für mich so wichtig sind und was sie überhaupt mit Katzentraining zu tun haben. Ich hoffe, dass ich Dir diese Fragen auf den nächsten Seiten beantworten kann. Außerdem hoffe ich, dass ich damit ebenfalls die immer wieder kursierenden Fragen beantworte, ob es in Ordnung ist, wenn Du mit Deiner Siamkatze nicht oder nicht jeden Tag spielst. Oder ob es okay ist, sie mal für zwei Tage allein zu lassen, da Du in Besitz eines Futterautomaten bist.

Beginnen wir aber zunächst einmal mit der zentralen Frage, ob Deine Siamkatze ein Jäger ist.

Ist Deine Siamkatze ein Jäger?

Wenn Du bereits den ersten Teil dieser Reihe „Siamkatze Katzenerziehung" gelesen hast, weißt Du bereits, was ich unter dem Begriff „Innere Raubkatze" verstehe. Für alle anderen folgt hier nochmal eine kurze Zusammenfassung:

Die moderne Hauskatze, wie wir sie heute kennen, existiert erst seit circa 150 Jahren. Bis zu diesem Zeitpunkt lebten Mensch und Katze zwar auch schon an einem gemeinsamen Ort, aber die Verbindung war eine vollkommen andere. Wir Menschen brauchten damals Schädlingsbekämpfer, die unsere Höfe und Vorratskammern frei von Mäusen und anderen Plagegeistern hielten, und die Katzen brauchten eine zuverlässige Nahrungsquelle. So entstand über Jahrhunderte eine Nutzgemeinschaft, in der Mensch und Katze zwar BEIsammen, aber nicht ZUsammen lebten. Heute ist das anders. Der Mensch nahm die Katze von draußen mit in seine vier Wände, in denen es keine Nagetiere mehr zu jagen gab und stellte ihr stattdessen die Nahrung ohne Gegenleistung zur Verfügung. Das Revier der Katze verringerte sich von mehreren Kilometern auf wenige Quadratmeter – und all das fand in nur 150 Jahren statt! Evolutionstechnisch ist das ein Wimpernschlag.

Und genau aus diesem Grund lebt die innere Raubkatze, die über Jahrtausende das Überleben der Hauskatze gesichert hat, auch in den heutigen domestizierten Stubentigern noch fort. Die Zeit reichte einfach nicht aus, um sie wie beim Hund über Jahrhunderte durch selektive Züchtung fast gänzlich zu vertreiben.

Aus diesem Grund gehört das Jagen zur heutigen Zeit immer noch zu den Grundbedürfnissen einer jeden Siamkatze. Ein Tag, an dem sie nicht jagt, wird für sie ein verlorener Tag sein. Ihr innerer Rhythmus ist noch zu sehr darauf trainiert, dass sie das Jagen am Leben erhält, als dass sie damit von heute auf morgen aufhören kann.

Darüber hinaus ist die Katze von Mutter Natur als perfekte Jägerin ausgestattet worden. Ihr Tastsinn, ihr Geruchssinn, ihre Schnurrhaare, ihr Sehvermögen und ihr Hörsinn sind darauf ausgerichtet, sie bei der Jagd optimal zu unterstützen. In der Regel kannst Du davon ausgehen, dass Katzen alles jagen, was kleiner ist als sie. Aus meiner Erfahrung heraus bevorzugen sie allerdings Beute, die kleiner als eine Taube ist.

Vögel gehören wie Insekten, Reptilien und Amphibien zu ihren Beutetypen, doch am allerliebsten jagen die meisten Katzen kleine Nagetiere wie Mäuse. Studien haben ergeben, dass die Nahrung von freilebenden Katzen zu 75 % aus Mäusen und Nagetieren besteht, wenn es das Angebot hergibt. Sind nicht genug Nagetiere zum Jagen da, können sich Katzen aber auch perfekt anpassen und ihr Jagdspektrum erweitern.

In der Regel gibt es übrigens drei Jagdstrategien, die die meisten Katzen anwenden:

Strategie 1: Aus dem Hinterhalt heraus wird eine Beute auf offenem Terrain überfallen.

Strategie 2: Die Beute wird aus der Deckung heraus verfolgt und es wird sich auf sie gestürzt.

Strategie 3: Die Katze wartet am Bauausgang darauf, dass die Beute herauskommt und reagiert eiskalt.

Im Laufe der nächsten Kapitel wirst Du noch feststellen, welche der drei Strategien Deine Siamkatze bevorzugt.

Wenn Du Deine Katze beim Jagen beobachtest, wirst Du außerdem feststellen, dass sie in der Regel zuerst mit ihren Pfoten nach der Beute schnappt bevor sie zubeißt. Das liegt daran, dass sie die Beute zuerst richtig fixieren möchte, damit der Biss in den Nacken, der das Rückenmark zerreißen soll, auch wirklich sitzt. Wenn es schon mal den Anschein hat, dass Deine Siamkatze zuvor mit ihrer Beute spielt, sprich sie hin und her schleudert oder mit der Pfote nach ihr schlägt, tut sie das nicht, weil sie es liebt, ihre Beute zu quälen. Ganz im Gegenteil möchte sie ihrer Beute etwas Gutes tun, indem sie sie ermüdet, damit der Todesbiss auch wirklich sitzt und sie nicht mehrfach ansetzten muss. Hierbei helfen ihr übrigens die besonders feinen Nerven, die in den Zähnen Deiner Siamkatze sitzen. Mit diesen kann sie die geringsten Bewegungen der Beute wahrnehmen und ihren Biss gegebenenfalls nachkorrigieren. Das ist eine weitere nützliche Grundausstattung, die Deine Katze zu einem effizienten und gründlichen Jäger macht.

Abschließend können wir daher festhalten: Für Deine Katze ist nur ein Tag, an dem sie jagen konnte, ein glücklicher Tag in ihrem Leben. Du erweist ihr – und insbesondere ihrer inneren Raubkatze – einen großen Gefallen, wenn Du ihr täglich die Möglichkeit bietest, in ihrem für ihre Verhältnisse beengtem Zuhause ihren Urinstinkten nachkommen zu können.

Besonderheiten bei Deiner Siamkatze

Du hast Dich ganz bewusst für die Rasse der Siamkatze entschieden und damit zwar für eine überaus aktive und verspielte Rasse. Deine Siamkatze will und muss jeden Tag jagen, da ihre innere Raubkatze noch stark ausgeprägt ist. Sie gehört zu den aktiveren Rassekatzen und fordert ihre Beschäftigung auch ein, wenn sie meint, zu wenig zu bekommen. Die Gefahr, dass sie aufgrund von zu wenig Beschäftigung Problemverhalten entwickelt, ist bei ihr deutlich höher als beispielsweise bei einer eher ruhig veranlagten Perserkatze.

Das regelmäßige Jagen ist insbesondere dann von noch größerer Bedeutung, wenn Du Deine Siamkatze als reine Wohnungskatze hältst. Wenn sie keinen Zugang zu einem abgesicherten Balkon oder Garten hat, sind die Jagdspiele die einzigen Alternativen, die sie hat, um ihre natürlichen Bedürfnisse zu befriedigen.

Wofür sind Jagdspiele sinnvoll?

Sehen wir einmal davon ab, dass Jagen – wie im vorherigen Kapitel erläutert wurde – für Deine Siamkatze ein absolutes Grundbedürfnis darstellt. Gibt es darüber hinaus noch mehr Gründe, wieso Jagdspiele für Deine Katze sinnvoll sind?

Die Antwort lautet selbstverständlich JA!

Wusstest Du, dass Deine Siamkatze ein regelrechter Energiestaubsauger ist? Sie saugt die Energie um sich herum regelrecht auf und wenn sie von uns kein Ventil erhält, um diese Energie wieder abzulassen, wird sie platzen, wie ein Staubsauger, bei dem der Beutel zu voll geworden ist.

Jagdspiele – das ist das schöne – sind das beste und effektivste Mittel, um die angesammelte Energie wieder aus Deiner Katze entweichen zu lassen. Denn genau so haben schon ihre Urururahnen ihr Energielevel reguliert. Wenn Du Katzen in der freien Wildbahn beobachtest, wird Dir relativ schnell auffallen, dass sie deutlich mehr schlafen, als unsere Hauskatzen. Woran das liegt? Ganz einfach: Katzen nutzen den Schlaf – ähnlich wie wir Menschen – um ihre Batterien wieder aufzuladen. Doch anders als wir brauchen sie nach dem Aufwachen nicht erst noch zwei Tassen Kaffee, um in die Gänge zu kommen, sondern sind sofort putzmunter und bereit für die Jagd. Ihr natürlicher Rhythmus schreibt ihr sogar vor, dass sie jetzt sofort jagen muss, damit sie ihr Tagespensum erfüllt.

Und so ähnlich verhält es sich auch immer noch mit unseren heutigen Stubentigern. Wenn sie morgens mit uns gemeinsam aufwachen, verlangt ihre innere Raubkatze regelrecht nach einer Jagd. Kommen wir diesem Verlangen jedoch nicht nach, sondern streicheln die Katze oder lassen lautstarke Kinder um sie herumtoben, liefern wir dem Energiestaubsauger weiter Futter. Geben wir der Katze jetzt keine Möglichkeit, die Energie wieder abzulassen, wird der Staubsauger platzen und das macht sich meist in aggressivem Verhalten bemerkbar. Ohne Vorwarnung faucht, kratzt und beißt die Katze plötzlich.

Doch geschieht dies wirklich ohne Vorwarnung? Nein, natürlich nicht, auch wenn die Vorzeichen häufig sehr subtil sind. Ein peitschender Schwanz ist eines dieser Vorzeichen. Nimmst Du diese Körpersprache an Deiner Siamkatze wahr, heißt das meist, dass sie kurz davor ist, ihre Energie explosionsartig zu entladen. Für Dich bedeutet es: Gib ihr ein Ventil dafür!

Ein weiteres Vorzeichen sind die sogenannten Rückenblitze, die Du bestimmt auch schon an Deiner Siamkatze beobachtest hast. Ihr Rücken zuckt dabei fast krampfhaft, was

Dir als Halter signalisieren sollte, dass hier dringend ein Ventil zum Entladen der Energie notwendig ist.

Ein drittes Vorzeichen ist das plötzliche Innehalten und gewissenhafte Lecken. Du hast sicherlich schon einmal beobachtet, wie Deine Siamkatze einen Raum durchquert und unvermittelt stehen bleibt, als wäre sie vom Blitz getroffen worden. Dieser Moment der Starre hält einige Sekunden an und dann fängt sie an, sich sehr gewissenhaft zu reinigen. Auch dies ist ein Anzeichen dafür, dass Deine Siamkatze bis zum oberen Rand mit Energie vollgeladen ist und dafür dringend ein Ventil benötigt.

Abschließend möchte ich betonen, dass Jagdspiele kein Luxus sind, den Du Deiner Siamkatze ab und an bietest oder ein kurzweiliges Vergnügen, das Du ihr immer dann spendierst, wenn Du gerade mal Zeit dafür hast. Ich bitte Dich stattdessen, das Jagen für Deine Katze mit dem täglichen Gassi Gehen mit einem Hund gleichzusetzten. Denn hierbei handelt es sich ebenfalls nicht um einen Luxus, den Hundehaltern ihren Lieblingen zu Gute kommen lassen, sondern um eine Selbstverständlichkeit, die mehrmals täglich erfolgen muss. So ist es auch mit den Jagdspielen. Jagen ist für Deine Siamkatze darüber hinaus nicht nur eine Notwendigkeit, sondern es hält gleichzeitig auch noch Körper und Geist fit.

Um das zu erreichen, ist es wichtig, die Jagd richtig aufzubauen. Wie Du das machst und was Du dafür benötigst, erfährst Du im nächsten Kapitel.

Wie Du ein Jagdspiel richtig aufbaust

Immer wieder höre ich von Katzenhaltern, dass ihre Katzen gar nicht jagen wollen. Doch das ist Humbug. In fast allen Fällen, in denen ich diese Aussage gehört habe, lag es nicht daran, dass die Katzen kein Interesse an einer Jagd hatten, sondern dass die Halter sich etwas Falsches darunter vorstellten.

Denn Jagen bedeutet nicht, dass Deine Siamkatze eine Stunde lang wie von der Tarantel gestochen durch Deine Wohnung flitzt. Ganz im Gegenteil spielt das Vorspiel mit Beobachten und Anschleichen eine noch größere Rolle, als der eigentliche Aktionsteil. Für Dich ist es daher wichtig zu verstehen, dass sich der glückliche und erschöpfende Jagderfolg nicht nur nach wilden Tobereien einstellt. Für Deine Siamkatze kann es ebenso befriedigend sein, eine Spinne an der Decke intensiv zu beobachten, sich langsam anzuschleichen und genau in dem Moment zuzugreifen, in dem sich die Spinne langsam herablässt. Dieser kurze Moment des Entladens, nachdem sie zuvor lange ruhig ausgeharrt hat, ist genau das, um das es bei der Jagd geht.

Merke Dir deswegen gleich zu Beginn dieses Kapitels, dass jede Katze gerne spielt und gerne jagt. Es ist Deine Aufgabe als Halter herauszufinden, WIE Deine Katze am liebsten spielt. Selbstverständlich hat eine 15-jährige altersschwache Katze dabei andere Ansprüche als ein vor Energie strotzender einjähriger Kater. Für die alte Katze ist es schon spielen, wenn sie die Beute lange und intensiv anstarrt und dann eventuell ein- oder zweimal kurz mit der Pfote nach ihr schlägt. Für den Jungspund wird diese Form der Beschäftigung wahrscheinlich nicht ausreichen. Passe Deine Spielerwartungen daher unbedingt an Deine Katze an. Nur weil die ältere Dame nicht mehr durch die Gegend toben kann, heißt das noch lange nicht, dass sie nicht mehr spielen oder jagen will. Es hat sich lediglich die Form des Spiels geändert.

Bevor wir auf den Spielaufbau eingehen, möchte ich mich noch kurz mit Deinen Hilfsmitteln für die Jagd beschäftigen. Für mich gibt es im Grunde genommen vier Arten von Hilfsmitteln, die am häufigsten zum Einsatz kommen:

- **Interaktives Spielzeug:** Bei diesem Spielzeug befindest Du Dich an dem einen Ende und Deine Main Coon an dem anderen. Es funktioniert nur, wenn ihr euch beide aktiv miteinander beschäftigt. Diese Spielzeuge sind perfekt dafür geeignet, den Jagdtrieb zu triggern und sind für mich das absolute Muss in jedem Katzenhaushalt. Ein prominentes Beispiel ist der Federwedel.
- **Wurfspielzeug:** Hierbei handelt es sich um Spielzeuge, die Du wirfst und die im Idealfall von Deiner Katze verfolgt und wieder

eingesammelt werden. Sie eignen sich gut als Ergänzung zum interaktiven Spielzeug, sollten aber nicht ausschließlich eingesetzt werden. Klassische Beispiele sind Bälle.

- **Elektrisches Spielzeug:** Diese Spielzeugkategorie bezeichne ich auch gerne als Spielzeug für Faule. Du stellst sie an und danach kann sich Deine Katze ganz ohne Deine Beteiligung damit beschäftigen. Diese Form der Beschäftigung ist natürlich immer noch besser als keine, sollte von Dir aber nur in Notfällen verwendet werden und auf keinen Fall zu Deinem Standard-Repertoire gehören. Sie werden für Deine Siamkatze schnell vorhersehbar und führen auch nicht zu einer verstärkten Bindung zwischen euch beiden, wie es z.B. beim interaktiven Spielzeug der Fall ist.

- **Laserpointer:** Laserpointer eignen sich hervorragend dafür, Deine Katze in den richtigen Jagdmodus zu bringen. Die meisten reagieren sehr schnell darauf und sind sofort begeistert dabei. Für mich haben sie aber einen großen Nachteil: Sie schließen die Jagd nicht ab. Denn Deine Siamkatze wird nie das Erfolgserlebnis haben, die Beute zu fangen, sprich sie in ihren Pfoten zu spüren und den Todesbiss anzubringen. Die Jagd mit dem Laserpointer kann daher niemals wirklich befriedigend für Deine Katze sein. Dennoch kannst Du ihn gerne einsetzen. Ich empfehle allerdings, danach auf ein interaktives Spielzeug zu wechseln, um Deiner Siamkatze ein Erfolgserlebnis zu ermöglichen.

Jetzt, wo Du die Hilfsmittel kennst, können wir schon fast mit der Jagd beginnen, aber erlaube mir vorab noch eine Anmerkung: Forscher haben entdeckt, dass Katzen mit der Zeit nicht vom Spiel an sich, sondern vom Spielzeug gelangweilt sind. Solltest Du daher beobachten, dass Deine Siamkatze nicht mehr so begeistert an euren Spielrunden teilnimmt, wird es Zeit für Dich, das Spielzeug zu wechseln, denn damit erhältst Du das Interesse Deiner Katze. Ich empfehle sogar, während einer Spielrunde auf unterschiedliche Spielzeuge zurückzugreifen. Das hält den Spieltrieb Deiner Katze deutlich länger aufrecht.

Kommen wir jetzt zum eigentlichen Jagdspiel. Wichtig dabei ist, dass Du Dir von Anfang an im Klaren darüber bist, dass Spielen Deine gesamte Aufmerksamkeit und Dein aktives Engagement erfordern. Mit dem Federwedel durch die Luft zu fahren, während Du auf Dein Handy schaust, wird weder für Dich noch für Deine Siamkatze ein erfüllendes Erlebnis sein. Stelle daher immer sicher, dass Deiner Katze Deine ganze Aufmerksamkeit gehört, bevor Du mit dem Spiel anfängst.

Um das Spiel bestmöglich zu spielen, empfehle ich Dir, Dich in die Beute – die Du spielst – auch wirklich hinein zu versetzen. Stelle Dir beispielsweise vor, Du bist ein Vogel. Zeige Dich (z.B. in Form eines Federwedels) Deiner Katze, indem Du elegant durch die Luft schwebst. Dann entdeckst Du einen erhöhten Sitzplatz, auf dem Du Dich niederlässt. Verbleibe wie ein echter Vogel für circa eine Minute fast reglos an diesem Platz. Sause dann ruckartig auf Deine Katze zu und lasse Dich von ihr erwischen.

Das ist jetzt ihr Erfolgserlebnis, das sie auskosten darf. Entreiße ihr daher das Spielzeug nicht direkt wieder. Stelle Dich stattdessen tot und bewege Dich nicht mehr. Lasse Deine Katze in Ruhe die Beute untersuchen und zuschlagen oder zubeißen so oft sie will. Warte ab, bis Deine Siamkatze von der Beute ablässt. Sehr wahrscheinlich wird sie demonstrativ von ihr weggehen und ihr Desinteresse damit deutlich zur Schau stellen.

Jetzt ist Dein Moment gekommen. Zeige Deiner Katze, dass Du doch nicht so tot bist, wie sie angenommen hat. Schleppe Dich (sprich den Federwedel) langsam davon, krieche über den Boden. Suche vielleicht unter einem Stuhl Schutz. Beobachte Deine Katze jetzt genau. Weiten sich ihre Augen? Beginnt ihre Schwanzspitze zu zucken? Wenn ja, hast Du Dein Ziel erreicht und es dauert nicht mehr lange, bis sie sich erneut auf Dich stürzt. Und damit geht das Spiel von vorne los. Entwische ihr zunächst, um Dich dann wieder bewusst von ihr fangen zu lassen.

Wiederhole diese Sequenzen solange, bis Deine Siamkatze die Beute leise brummend im Maul hält. Im Idealfall sucht sie nach einem geeigneten Platz, an des sie sich mit ihrer Beute zurückziehen kann. Wenn dem so ist, kannst Du Dir sicher sein, dass nicht nur ihre Batterien wieder entladen sind, sondern dass sie mit ihrem Jagderfolg mehr als zufrieden ist.

Wieso empfehle ich Dir die vielen kleinen Jagdsequenzen, statt einer großen, wilden Jagd?

Katzen sind keine Marathonläufer. Den meisten liegt es daher gar nicht, wenn Du sie mit einer großen wilden Jagd durch die gesamte Wohnung hetzt – außer vielleicht bei jungen Katzen. Viel effektiver ist es stattdessen, dafür zu sorgen, dass sie für einen kurzen Moment so richtig auf Touren kommt. Sie springt und jagt und beginnt vielleicht sogar leicht zu hecheln. Anschließend lässt Du sie mit ihrer „toten" Beute wieder zur Ruhe kommen, um sie kurz darauf wieder hochzufahren. Diese Art der Jagd ist für Deine Katze deutlich anspruchsvoller und ermüdender, als wenn sie die gesamte Zeit auf Hochtouren läuft. Lasse Dich auch nicht davon irritieren, wenn sie in der Cool-Down-Phase schon mal mit Desinteresse und aktiv gezeigter Langeweile auf sich aufmerksam macht, so sind Katzen eben. Ich kann Dir versichern, dass Du sie trotz dieser Zurschaustellung schnell wieder aktiviert bekommst.

Teste bei den verschiedenen Sequenzen auch, welche der drei Jagdstrategien Deine Katze bevorzugt. Probiere alle drei aus und beobachte, worauf sie mit mehr Begeisterung reagiert. Teste ebenfalls, ob sie lieber Vögel jagt, die durch die Luft fliegen oder doch lieber Mäuse, die schnell über den Boden huschen. Lasse Deiner Fantasie freien Lauf und beobachte, wie Deine Katze auf Deine unterschiedlichen Angebote reagiert.

Wichtig zu erwähnen ist an dieser Stelle ebenfalls, dass nicht alle Katzen unbedingt auf die gleiche Art und Weise auf ein Jagdangebot von Dir reagieren. Ich teile sie daher in zwei Gruppen ein: Da sind auf der einen Seite die schnellen ICEs und auf der anderen die schwerfälligen, dampfbetriebenen Lokomotiven. Beide Gruppen jagen für ihr Leben gerne, aber sie kommen unterschiedlich schnell in die Gänge – was leider zum Nachteil der Lokomotive häufig als „keine Lust zum Jagen" interpretiert wird.

Wenn Deine Katze ein ICE ist, besteht diese Gefahr nur selten, denn sie kommt sofort auf Touren. Oft reicht es schon, wenn Du nur in Richtung des Spielzeugs gehst, um sie von Null auf Hundert zu bringen. Bei ihr kannst Du Dir immer sicher sein, dass sie unbedingt mit Dir jagen bzw. spielen möchte.

Ist Deine Katze jedoch eine Dampflokomotive, sieht das Ganze anders aus. Hier ist im Vorfeld deutlich mehr Engagement von Deiner Seite aus gefragt, um sie anzuwerfen. Zu Beginn zeigt sie häufig wirklich frustrierendes Desinteresse und lässt sich auch schon mal mehrere Minuten bitten, bis sie sich zur Jagd bequemt. Auch kommt sie nicht direkt in volle Beschleunigung, sondern steigert ihr Tempo zunächst sehr langsam. Ist sie jedoch einmal in Fahrt, hält sie so schnell nichts mehr auf und sie spielt mit einer ebenso großen Begeisterung wie der ICE.

Die Dampflokomotive erfordert von Dir deutlich mehr Geduld und Engagement als der ICE. Nur weil sie aber länger braucht, um auf Betriebstemperatur zu kommen, heißt das nicht, dass ihr Interesse an der Jagd geringer ist. Das solltest Du stets im Hinterkopf behalten. Sie ist einfach anders gestrickt und genießt das Vorspiel deutlich mehr als ihre schnellen ICE-Kollegen – auch wenn sie sich niemals dazu herablassen würde, Dir das zu zeigen.

Eine gesamte Jagdphase sollte übrigens mindestens 10 Minuten betragen, darf aber gerne je nach Alter der Katze und ihrer Begeisterung länger dauern. Im Idealfall wiederholst Du sie mindestens dreimal täglich, mehr Wiederholungen sind auch gerne willkommen und erwünscht. Als

Tipp gebe ich Dir noch mal mit, feste Zeiten für die Jagd einzuplanen. Katzen lieben es, wenn sie einen festen Tagesablauf haben. Überraschungen mögen sie hingegen überhaupt nicht. Gewöhne Dir daher an, immer zur gleichen Tageszeit mit ihr zu jagen. Ich empfehle dafür übrigens morgens, mittags und abends. Zu diesen drei Zeiten wird ihr Energiestaubsauger vollgeladen sein und ein Ventil zum Entladen wird ihr gerade recht sein. Überlege auch, ob Du kurz vor dem zu Bett gehen nicht auch noch eine Jagd einplanen möchtest. Im Gegensatz zur häufigen Annahme, dass Du Deine Katze dadurch erst noch ermunterst, Dich die gesamte Nacht wach zu halten, entlädst Du damit nochmal ihre Batterien und sorgst dafür, dass sie sich wohlig mit einem Erfolgserlebnis schlafen legt.

Besonderheiten bei Deiner Siamkatze

Bei Deiner Siamkatze handelt es sich um eine aktive und ausdauernde Katze. Sie ist in den meisten Fällen ein ICE, der sich sofort mit voller Energie dem Jagdspiel widmet. Es wird Dir daher wahrscheinlich etwas leichter fallen, sie regelmäßig zu begeistern. Allerdings wirst Du ihr dadurch auch mehr Abwechslung bieten müssen. Ihr werdet länger und ausdauernder jagen als Halter anderer Katzenrassen und daher werden die Spielzeuge auch schneller langweilig.

Mache ihr regelmäßig eine Freude und überrasche sie mit neuen Spielzeugen oder Jagdsimulationen. Lasse Deiner Kreativität freien Lauf und gehe auf ihre Vorlieben ein. Deine Siamkatze wird es Dir anschließend mit liebe-vollen Schmuseeinheiten danken.

Exkurs: Jagdspielzeuge selber basteln

Katzenspielzeug kann mitunter ganz schön teuer sein, da mittlerweile einige Anbieter diesen lukrativen Markt für sich entdeckt haben und ihn mit unverhältnismäßig hohen Preisen für sich ausschlachten. Sie bieten die unterschiedlichsten Spielzeuge an, die häufig aber eher den Bedürfnissen von uns Menschen als denen unserer Katzen entsprechen. Der Fokus wird dabei häufig eher auf die Ästhetik statt auf die Tauglichkeit und die Ökologie gelegt. Meist gilt dabei, je schöner das Spielzeug aussieht, desto teurer ist es.

Um diesem Trend entgegenzuwirken, erhältst Du in diesem Kapitel eine kurze Einführung von mir, wie Du Katzenspielzeug selbst herstellen kannst. Das ist nicht schwer, nimmt nur wenig Zeit in Anspruch und ist von den Kosten her überschaubar. Da Katzen schnell von ihren Spielzeugen gelangweilt sind, kann ich Dir nur empfehlen, es selbst zu basteln, da Du dabei sehr viel Geld sparen wirst, ganz zu schweigen von dem Ärger, wenn Deine Samtpfote das neue, teure Spielzeug nach einer Woche links liegen lässt.

Für mich persönlich ist die **Katzenangel** das praktischste interaktive Spielzeug. Es eignet sich nicht nur hervorragend dazu, eine Jagdsituation zu simulieren, sondern kann von Dir mit geringem Aufwand in den unterschiedlichsten Varianten hergestellt werden. Somit hast Du immer eine schöne Auswahl zur Hand und kannst Deiner Siamkatze genügend Abwechslung bieten.

Zur Herstellung der Katzenangel benötigst Du folgende Materialien:

- einen armlangen Stab oder einen Zweig
- eine nicht zu dünne Schnur (ca. 1 Meter Länge)
- einen Köder

Solltest Du einen Zweig für Deine Katzenangel verwenden, achte darauf, dass er elastisch, aber auch belastbar ist. Auch solltest Du nicht einfach jedes Holz nehmen. Ich empfehle Dir einen Haselnuss-, Weiden- oder Obstbaumzweig. Diese passen von der Elastizität her und sind darüber hinaus auch gut verträglich. Auf keinen Fall solltest Du eine Efeuranke verwenden, da diese für Deine Katze giftig ist.

Die Schnur, die Du verwendest, sollte nicht zu dünn sein, da ansonsten Verletzungsgefahr für Deine Katze besteht. Eine klassische Angelschnur ist beispielsweise ungeeignet, da sich Deine Katze, wenn sie nach ihr beißt oder schlägt, an ihr verletzen könnte. Eine breite Paketkordel ist da schon besser geeignet.

Bezüglich der Länge von Schnur und Stab gilt: je größer die Katze, desto länger sollten sowohl Stab als auch Schnur sein. Mit Deiner Siamkatze hast Du Dich für eine mittelgroße

Katzenrassen entschieden. Daher solltest Du Dich an die oben genannten Maße halten. Damit stellst Du sicher, dass Deine Katze ausreichend toben kann und die immer weit genug von ihren Krallen entfernt bist.

Als Köder eignet sich fast alles. Viele Katzenhalter bevorzugen Federn. Diese kann ich jedoch nur empfehlen, wenn Deine Katze kein Freigänger ist und Du auch keine Vögel hältst. Denn in diesen beiden Fällen sehe ich es nicht als geeignet an, Deine Katze bewusst auf das Jagen von Federn zu konditionieren. In beiden Fällen würde ich stattdessen zu abstrakten Ködern raten. Statt Federn kannst Du zum Beispiel Filzkugeln, Bommel oder einfach nur ein Stück Stoff (beispielsweise von einem alten T-Shirt) verwenden.

Hast Du alle Materialen parat, dann nimm den Zweig oder Stab und binde die Schnur am dünneren Ende davon fest. Am anderen Ende der Schnur befestigst Du den Köder. Fädele zum Beispiel ein paar bunte Filzkugeln auf oder binde ein paar Federkiele mit der Schnur zusammen. Oder Zerschneide ein altes T-Shirt in dünne Stoffstreifen, binde diese in der Mitte zusammen und knote sie an der Schnur fest. Lasse Deiner Fantasie freien Lauf. Wenn Du geschickt im Nähen bist, kannst Du alternativ aus T-Shirt-Resten kleine Fische oder Mäuse ausschneiden. Nähe diese bis auf ein kleines Loch zusammen und stülpe sie um. Fülle den Köder durch das Loch mit Watte (hierbei hilft ein Stift) und nähe das Loch zu. Jetzt brauchst Du das Stofftier nur noch an die Schnur zu binden und fertig ist die Katzenangel.

Ein Tischtennisball, den Du mit einem Stück Stoff belegst und darunter mit einer Schnur zusammenbindest, wird zum Gespenst, das Du ebenfalls als Köder verwenden kannst. Einen Weinkorken, den Du mit Hilfe eines Nagels der Länge nach einmal durchlöcherst, kannst Du ebenso hervorragend verwenden und ihn eventuell noch durch Federn oder Filzkugeln verfeinern. Bist Du gut im Häkeln, spricht nichts dagegen, einen gehäkelten Köder ans Ende Deiner Angel zu binden. Eine ausrangierte Quaste von Teppichen oder Gardinen kannst Du ebenfalls verwenden oder Dir eine aus Wolle und einem kleinen Stück Pappe selbst basteln.

Willst Du noch eine Alternative zur Angel, kannst Du alternativ einen **Katzenwedel** basteln. Lasse dafür einfach die 1 Meter lange Schnur weg und befestige die Köder stattdessen direkt am Zweig oder Stab. Ich persönlich spiele gerne mit beiden Arten, wobei ich die Angel meist zuerst verwende, da hier der größere Abstand zu meiner Siamkatze gerade in der wilden Anfangsphase schon mal ganz gut sein kann. Später, wenn sie etwas ruhiger ist, gehe ich dann gerne auf einen Wedel über.

Am besten bewahrst Du Dein interaktives Spielzeug an einem Ort auf, an den Deine Katze nicht von alleine kommt. Der Hintergrund ist, dass das Spielzeug etwas Besonderes bleibt und wirklich nur zum gemeinsamen Jagen herausgeholt wird. So nutzt es sich nicht so schnell ab und die Begeisterung Deiner Katze ist größer, als wenn sie jederzeit freien Zugang zum Spielzeug hat.

Häufig wird empfohlen, Katzenminze in solche Spielzeuge einzuarbeiten. Das kannst Du natürlich machen, musst Du aber nicht. Katzenminze ist für Deine Siamkatze wie ein Rauschmittel und sorgt dafür, dass sie mit noch mehr Begeisterung beim Spiel dabei ist. Da sich die Wirkung von Katzenminze durch Gewöhnung jedoch verringert, solltest Du sie nur gezielt und nicht zu häufig einsetzen. Bewahre die Spielzeuge mit Katzenminze am besten auch in einer geschlossenen Dose und separat von den anderen Spielzeugen auf. Ich persönlich verwende sie nur in absoluten Ausnahmefällen, da ich mit meinen Tieren lieber frei von Rauschmitteln arbeite.

Abschließend kannst Du den Spielspaß für Deine Siamkatze noch erhöhen, indem Du eine Klopapierrolle mit der Katzenangel (oder dem Katzenwedel) kombinierst. Schiebe dafür, bevor Du mit dem Jagdspiel beginnst, eine leere Klopapierrolle über den Köder und einen Teil der Schnur. Führe die Angel jetzt so, dass sowohl der Köder als auch die Klopapierrolle auf dem Boden aufliegen und sich der Köder langsam seiner „Höhle" nähert. In dieser verschwindet er, kurz bevor Deine Siamkatze nach ihm greifen kann. Und jetzt muss sie abwarten, bis der Köder wieder herauskommt. Damit das Spiel gelingt, solltest Du das ganze Szenario ein paar Mal ohne Deine Katze üben, denn es ist gar nicht mal so leicht, das auf Anhieb richtig hinzubekommen.

Ich hoffe, ich konnte Dir in diesem Kapitel zeigen, wie Du mit nur wenigen und günstigen Hilfsmitteln interaktives Spielzeug für Deine Katze selber basteln kannst. Nutze die Tipps aus diesem Kapitel und erweitere sie um Deine eigenen Ideen. So wird es weder Dir noch Deiner Siamkatze mit den Spielzeugen langweilig. Ebenso kann ich Dir nur empfehlen, Dir zu überlegen, wie Du Spielzeuge wie die Angel und die Klopapierrolle gut miteinander kombinieren kannst. Das erhöht nicht nur den Spielspaß, sondern sorgt ebenfalls für mehr Abwechslung.

- Kapitel 5 -

KATZENTRAINING

Kommen wir jetzt zum aktiven Trainieren und Beschäftigen mit Deiner Katze. Im früheren Kapitel zum Clicker-Training hast Du bereits eine Methode an die Hand bekommen, mit der Du Deine Siamkatze erfolgreich trainieren kannst. Diese Methode kannst Du bei allen Trainings, die ich im Laufe des Kapitels beschreibe, anwenden, musst es aber nicht. Auch ohne Clicker kannst Du die Trainings problemlos durchführen.

Du erhältst von mir vier verschiedene Trainings- und Beschäftigungsvorschläge. Wichtig ist mir, an dieser Stelle zu betonen, dass dies kein allumfassender Katalog ist, sondern dass ich mich bewusst auf einige wenige – aber sinnvolle – Trainings konzentriert habe. Diese sind aus meiner Sicht entweder für jede Katze wichtig zu erlernen (wie die Leinenführigkeit oder die Übung »In die Box«), sie erweitern das Spektrum Deiner Siamkatze (wie das Apportiertraining) oder sie machen einfach nur Spaß und stärken eure Bindung (wie das Spaßtraining).

Mein Ziel ist es, dass Dir diese Beispiele zeigen, wie Du nicht nur hier die vorgestellten Trainings, sondern auch das Katzentraining im Allgemeinen aufbaust. Du sollst anschließend in der Lage sein, nicht nur die aufgeführten Trainings durchzuführen, sondern sie zu erweitern und auf Deine Interessen – und natürlich die Deiner Siamkatze – anzupassen. Ich bin mir sicher, dass Dir durch meine Vorschläge genügend Erweiterungen und Ergänzungen einfallen, wenn Du erstmal mit der Umsetzung begonnen hast. Zum Abschluss des Kapitels erhältst Du noch mehr Anregungen zum weiteren Ausbau Deines Trainings.

Ich wünsche euch beiden viel Spaß bei der Umsetzung!

Beschäftigungstipp für Deine Siamkatze außerhalb des Trainings

Bevor wir mit den klassischen Trainingshinhalten beginnen, möchte ich mit Dir nochmal über die Beschäftigung Deiner Siamkatze außerhalb des Trainings sprechen. Du weißt mittlerweile schon sehr viel über diese wunderschöne Rasse und Du hast verstanden, dass es für sie aufgrund ihrer Rassenmerkmale wichtig ist, dass sie von Dir gefordert und gefördert wird. Diese Erkenntnis ist schon mal Gold wert. Um sicherzustellen, dass Du Dich aufgrund dieses Ratgebers aber nicht nur viermal am Tag in einer 10-minütigen Trainingseinheit mit Deiner Siamkatze beschäftigst und ihr Katzenleben ansonsten weiter seinen monotonen Trott geht, erhältst Du in diesem Kapitel ein paar weitere Beschäftigungstipps von mir.

Denn halten wir gleich zu Beginn fest: Die Rasse der Siamkatze ist überaus intelligent, spielfreudig und neugierig. Sie hatte früher eine Aufgabe und ist von ihren Merkmalen her so gezüchtet worden, dass sie sich auch heute noch nach einer Beschäftigung sehnt. Ihr Körper ist muskulös aber gleichzeitig agil gebaut und sie besitzt die besten Voraussetzungen zum Spitzensportler. All diese Eigenschaften sicherten ihr früher das Überleben, doch heute kommen sie meist nur selten zum Einsatz. Und genau das möchte ich gerne ändern.

Für die moderne Hauskatze, die oft auf weniger als 100qm beheimatet ist, müssen wir als Halter eine Umgebung schaffen, die ihren Ansprüchen und auch ihrer Natur (insbesondere ihrer inneren Raubkatze) gerecht werden. Wenn Du bereits den ersten Teil dieser Reihe gelesen hast, werden Dir ein paar der nachfolgenden fünf Punkte bereits bekannt vorkommen:

1. Nutze die Höhe:

Wir Menschen sind zweidimensionale Wesen – Deine Siamkatze jedoch nicht. Während wir einen Raum selten in mehreren Höhen nutzen, ist es genau das, was Deine Siamkatze von Natur aus machen wird. Jeder Katzenhalter wird bestätigen können, dass seine Samtpfote Schränke und Regale liebt. Wenn Du das weißt, dann sei konsequent und richte Deiner Siamkatze ihre eigene spannende Katzenautobahn ein und nutze die Höhe Deiner Räume. Zwar gibt es Rassen wie die der Abessinier, die das Springen und die Höhe noch mehr lieben als Deine Siamkatze, aber auch sie wird es sehr zu schätzen wissen, wenn sie von Dir die Möglichkeit geboten bekommt, die Raumhöhe für sich zu erobern. Eine durchdachte Katzenautobahn entspricht ihrem natürlichen Lebensraum viel mehr und erweitert ihr Territorium und ihre Laufwege um ein Vielfaches.

2. Gestalte einen Abenteuerspielplatz:

Die freie Natur bietet Katzen unzählige Möglichkeiten an Aktivitäten und Abenteuern, was perfekt zur großen Neugier Deiner Siamkatze passt. In Wohnungen ist dies jedoch anders. Hier ändert sich selten etwas und schon nach wenigen Tagen langweilen sich die Samtpfoten. Um das zu ändern, rate ich Dir, Deine persönlichen Einrichtungsinteressen hintenan zu stellen und auf die Bedürfnisse Deiner Siamkatze einzugehen. Sie liebt das Springen, Spielen, Toben und Kratzen, also ermögliche ihr, all diese Triebe in Deinen vier Wänden ausleben zu können. Organisiere einen ausreichend großen und sicher stehenden Kratzbaum (oder am besten gleich mehrere). Schaffe mit Decken, Körbchen und Tunneln spannende Verstecke. Stelle Möbel so, dass kleine Nischen entstehen. Positioniere Stühle und Hocker passend, um damit die von Dir ausgewählten Aussichtspunkte mit wenigen Sprüngen perfekt erreichen zu können. Dadurch hältst Du nicht nur Deine Siamkatze fit und hilfst ihr, ihren Sprungtrieb auszuleben, sondern sorgst gleichzeitig dafür, dass Deine geplanten Plätze besser angenommen werden. Befriedige ihre Neugier, indem Du immer mal wieder Möbel verrückst, Kratzbäume umstellst oder auch austauschst. Verändere ihre gewohnte Umgebung, damit sie sie wieder neu entdecken kann. Aber übertreibe es dabei nicht und stelle nicht jeden zweiten Tag ihr Lieblingskörbchen an einen neuen Platz. Das würde sie in den Wahnsinn treiben. Ein paar kleine Änderungen alle zwei bis drei Wochen hält jedoch den Entdeckergeist hoch, der in jeder Siamkatze schlummert.

3. Installiere ein wirkungsvolles Katzenkino:

Auch wenn Deine Siamkatze keinen Zugang zur Außenwelt hat, kannst Du ihr dennoch einiges an Abwechslung durch ein durchdachtes Katzenkino bieten. Locke beispielsweise Vögel durch Bade- oder Futterstellen an die Fenster und platziere dort einen gemütlichen Aussichtspunkt für Deine Siamkatze. Sie wird es lieben! Ein Insektenhotel oder ein Vogelhäuschen bringen einen ähnlichen Effekt. Studiere die Aussicht aus Deinen Fenstern und überlege Dir, wie Du sie für Deine Siamkatze noch spannender unter interessanter machen kannst. Licht- oder Windspiele kommen dafür ebenfalls in Frage. Selbstredend solltest Du dabei auch einplanen, dass die Fensterbänke sowie die besten Aussichtsstellen rund um Deine Fenster Deiner Siamkatze vorbehalten sind.

4. Nicht zu viel und nicht zu wenig:

Stelle Deiner Siamkatze immer ein spannendes Spielzeug, ausreichend Liege- und Aussichtsplätze sowie genügend Kratzbäume zur Verfügung. Meine Empfehlung lautet aber auch, dass sie niemals alles auf einmal haben sollte. Begrenze ihren Zugriff auf Spielzeuge und tausche diese lieber regelmäßig aus. Halte einige unter Verschluss, so wird es nicht so schnell langweilig. Ähnliches gilt übrigens auch fürs Futter. Es ist vollkommen in Ordnung, Deine Siamkatze für ihr Futter arbeiten zu lassen. Das kann über das Training erfolgen, aber auch durch Fummel- oder Intelligenzspielzeug. Du wirst überrascht sein, wie bereit Deine Siamkatze dazu ist. Als äußerst intelligentes Wesen wird sie es sogar sehr zu schätzen wissen, da Du hiermit wieder genau ihre besonderen Rassenmerkmale bedienst.

5. Die Magie von Kartons und Papiertüten:

Ich weiß zwar nicht warum, aber ich kenne kaum eine Siamkatze, die von Kartons und Papiertüten nicht wie magisch angezogen wird. Nutze diesen Effekt und lasse, wenn Du aus dem Haus gehst, einen leeren Karton auf dem Wohnzimmerboden stehen. Deine Siamkatze wird sich ausgelassen und freudig mit diesem beschäftigen. Verfeinern kannst Du das Ganze noch, indem Du zum Beispiel mehrere Kartons zu einem Tunnelsystem zusammensetzt oder Fenster zum Rausschauen freischneidest. Versteckte Leckerchen oder Spielzeuge erhöhen den Spielspaß noch mehr und steigern die Neugierde. Mit leeren Toilettenpapierrollen, die in einem Schuhkarton dicht nebeneinander aufgestellt werden und ein paar Leckerchen, die Du in die Rollen wirfst, wirst Du Deine Siamkatze ebenfalls über einen längeren Zeitraum beschäftigen können. Sie ist sehr geschickt mit ihren Pfoten und liebt es, mit diesen Futter aus noch so unzugänglichen Verstecken hervorzuholen.

Leere Eierkartons sind ebenso ein perfektes Spielzeug. Eine Decke oder ein Handtuch, in denen Du Spielzeuge oder auch Leckerchen versteckst, sind genauso eine willkommene Abwechslung.

Ich hoffe, ich konnte Dir mit diesen fünf Tipps zeigen, wie Du Deiner Siamkatze zusätzlich zum Training ein abwechslungsreiches Leben bieten kannst und das häufig mit wenig Aufwand. Denke einfach immer daran, wie viel Abwechslung und Neues ihren Vorfahren in der freien Wildbahn geboten wurde und versuche, einen Teil davon in ihr Leben bei Dir zu bringen. Schließlich sind ihre Neugier, ihr Spieltrieb und ihre Intelligenz gerade die Merkmale, die die meisten Halter so an dieser Rasse lieben. Die Siamkatze sieht noch sehr natürlich und wild aus und so sind die wilden Triebe ihrer Vorfahren auch noch stark in ihr vertreten. Damit sie auch weiter so ausgeprägt sind und Deine Siamkatze ein glückliches und artgerechtes Leben führen kann, ist sowohl die Beschäftigung, wenn sie alleine ist, als auch das aktive Training mit Dir sehr wichtig für sie.

Bei anderen Katzenrassen mögen andere Aspekte wichtiger sein, aber gerade bei der Siamkatze sind diese Themen entscheidend, um Deiner Katze ein möglichst glückliches Leben zu ermöglichen. Außerdem erschaffst Du auf diese Weise eine besonders enge Bindung zwischen euch zweien.

LEINENFÜHRIGKEIT

Katzen an der Leine? Das geht doch gar nicht! Doch es geht, auch wenn es dem Halter bei einigen Katzen deutlich mehr Geduld abverlangt als bei anderen.

Immer wieder werde ich überrascht angeschaut, wenn ich die Leinenführigkeit als wichtige Trainingsmethode hervorhebe. Vielleicht liegt es daran, dass die Katze dabei automatisch mit dem Hund verglichen wird. Aus diesem Grund möchte ich direkt am Anfang dieses Kapitels betonen, dass es mir nicht darum geht, Deine Siamkatze wie einen Hund an der Leine bei Fuß Gassi zu führen. Das kann ein Nebeneffekt sein – muss es aber nicht.

Viel wichtiger als das Gassi Gehen ist für mich, dass Du Deine Siamkatze in schwierigen oder neuen oder bedrohlichen Situationen vor Gefahren – aber auch vor sich selbst – beschützen kannst. Katzen reagieren schnell und sie passen in Lücken und Löcher, die wir niemals für groß genug gehalten hätten. Sie aus diesen wieder herauszuholen, gerade wenn wir gestresst oder in Zeitnot sind, ist ein Ding der Unmöglichkeit und wird häufig mit Blut bezahlt. In manchen Situationen ist es daher unabdingbar, dass Du Deine Katze kontrolliert davon abhalten kannst, einfach davon oder auf etwas zu zustürmen. Das mag beim Tierarzt der Fall sein, bei einer Vergesellschaftung mit einer anderen Katze oder bei Kontakt zu Kleinkindern.

Und genau für solche Situationen ist die Leine die Lösung meiner Wahl. Sie gestattet Deiner Siamkatze deutlich mehr Freiheiten als eine Box, ermöglicht es Dir aber zeitgleich, sie unter Kontrolle zu behalten, wenn es denn notwendig wird.

Hast Du das Training an der Leine erfolgreich gemeistert, kannst Du selbstverständlich im zweiten Schritt darüber nachdenken ob Du Deiner Siamkatze jetzt auch Spaziergänge außerhalb Deiner Wohnung ermöglichen möchtest. Das ist definitiv eine Alternative zum Freigang und hat den Vorteil, dass Deiner Katze keine Gefahr vom Straßenverkehr droht und dass gleichzeitig die heimische Vogel- und Nagetierpopulation vor Deiner Katze geschützt wird. Dir sollte aber bewusst sein, dass der Freigang an der Leine dem arttypischen Verhalten Deiner Siamkatze im Freien nur bedingt gerecht wird. Sie kann an der Leine weder durchs Unterholz laufen, noch auf Stämme und Äste klettern. Solltest Du die Möglichkeit haben, Deiner Katze Zugang zu einem eingezäunten und mit Netz gesicherten Garten zu bieten, wäre das immer meine erste Wahl. Ist das jedoch nicht möglich, kann der Spaziergang an der Leine Deiner freiheitsliebenden Siamkatze immerhin einen kleinen Ersatz liefern.

Allerdings ist nicht jede Katze – egal welcher Rasse – für den Spaziergang an der Leine geeignet. Ich bitte Dich, den nachfolgenden Fragebogen ehrlich zu beantworten. Nur, wenn Du mehr als die Hälfte der Fragen (sprich 7) guten

Gewissens mit „Ja" beantworten kannst, solltest Du den Spaziergang im Freien überhaupt erst anvisieren:

Fragebogen: Ist Deine Siamkatze dafür geeignet, an der Leine spazieren zu gehen?

1. Ist Deine Siamkatze sehr selbstbewusst?
   Ja ☐   Nein ☐
2. Ist Deine Siamkatze neugierig?
   Ja ☐   Nein ☐
3. Reagiert Deine Siamkatze gelassen auf neue Eindrücke?
   Ja ☐   Nein ☐
4. Hat sie schon früher Freilauf genossen oder ist sie vielleicht sogar draußen aufgewachsen?
   Ja ☐   Nein ☐
5. Hat sie einen starken Freiheitsdrang?
   Ja ☐   Nein ☐
6. Ist Deine Katze sehr bewegungsfreudig und immer auf Zack?
   Ja ☐   Nein ☐
7. Hat Deine Siamkatze eine starke Bindung zu Dir aufgebaut?
   Ja ☐   Nein ☐

8. Ist Deine Katze gesund?
   Ja ☐ Nein ☐
9. Verfügt sie über einen vollständigen Impfschutz?
   Ja ☐ Nein ☐
10. Ist Deine Siamkatze jünger als 7 Jahre alt?
    Ja ☐ Nein ☐
11. Kannst Du sie problemlos jederzeit auf den Arm nehmen?
    Ja ☐ Nein ☐
12. Kannst Du sie problemlos jederzeit in eine Transportbox setzten?
    Ja ☐ Nein ☐
13. Ist Deine Siamkatze bei Autofahrten gelassen und ruhig?
    Ja ☐ Nein ☐

Nur wenn Du mindestens 7 dieser Fragen mit Ja beantworten kannst, solltest Du überhaupt erst über Spaziergänge an der Leine mit Deiner Siamkatze nachdenken. Es gibt aber auch einige Punkte, die einen Spaziergang draußen für mich komplett ausschließen. Dazu gehört…:

- … dass Deine Katze unbedingt vollständig geimpft sein muss. Ist sie das nicht, setzt

Du sie einem unverhältnismäßig hohen Risiko aus.

- Außerdem sollte sie gechipt sein. Auch an der Leine kann es passieren, dass Dir Deine Siamkatze entwischt. Ist sie nicht gechipt, kann sie Dir von einem möglichen Finder nicht direkt zugeordnet werden.
- Zeigt Deine Siamkatze schon in der Wohnung Angstverhalten, solltest Du sie ebenfalls nicht nach draußen führen. Die neue Situation außerhalb ihres gewohnten Reviers wird sie zu sehr stressen und das Angstverhalten nur noch verstärken.
- Kranke Katzen gehören ebenfalls nicht nach draußen. Der Stress kann die Situation verschlimmern oder die Krankheit kann an andere Tiere übertragen werden.
- Abschließend bitte ich Dich, ebenfalls nicht mit Leinenspaziergängen zu beginnen, wenn Du nicht bereit bist, diese regelmäßig und zur selben Zeit durchzuführen. Wenn Deine Katze einmal Gefallen daran gefunden hat, wird sie die Spaziergänge regelmäßig bei Dir einfordern. Erspare ihr die Enttäuschung, wenn Du dazu nicht bereit oder in der Lage bist (was selbstredend vollkommen in Ordnung ist!).

Ist auch das geklärt, kannst Du Dich jetzt um die Ausstattung für das Leinentraining kümmern. Diese ist zum Glück ziemlich überschaubar. Du benötigst lediglich zwei Dinge:

1. Ein gut sitzendes Katzengeschirr (im Idealfall ist dieses verstellbar)
2. Eine Leine (Flexileinen für kleine Hunde haben sich hier besonders bewährt)

Vielleicht wunderst Du Dich, warum ich ein Katzengeschirr und kein Katzenhalsband empfehle. Der Hintergrund ist folgender: Katzen sind überaus gelenkig und haben meist schnell den Dreh raus, wie sie sich erfolgreich aus dem Halsband befreien und herausschlüpfen können. Das ist beim Geschirr nicht so leicht möglich. Außerdem vermeidest Du beim Geschirr, dass Deine Katze gewürgt wird, wenn sie mal an der Leine ziehen sollte, was bei ihr direkt zu einer starken Aversion führen wird. Sogenannte „Walking Jackets" haben sich ebenfalls bewährt und bieten eine gute Alternative zum klassischen Geschirr. Bei Spaziergängen in stärker frequentierten Gebieten solltest Du eventuell auch eine Transportbox mitführen, denn es kann (leider) immer mal zu Situationen – gerade mit Hunden – kommen, bei denen es sinnvoller ist, Deine Katze in die Box zu setzen, als sie auf den Arm zu nehmen oder weiter an der Leine zu führen.

Um Deine Siamkatze an das Geschirr und die Leine zu gewöhnen, empfehle ich Dir, in wirklich kleinen Schritten vorzugehen. Für Deine kleine Samtpfote ist das Erlernen der Leinenführigkeit eine große Aufgabe, daher solltest Du die Schritte so klein wie möglich halten. So ist es euch möglich, schnell Erfolge zu verbuchen und Du überforderst sie nicht.

Das Training sollte ausschließlich bei Dir zu Hause und in ihrer gewohnten Umgebung stattfinden. Für die Anfangsgewöhnung rate ich Dir, Deine Siamkatze vorab mit einem spannenden Jagdspiel zu ermüden, damit sie etwas träge ist und nicht mit Energie geladen aggressiv auf etwas Neues und Unbekanntes reagiert. Da das Geschirr die Rezeptoren in ihren Haarwurzeln triggern wird, kann es ansonsten sehr schnell zu einer Überreaktion kommen.

Beginne am ersten Tag damit, dass Geschirr und die Leine einfach nur in den Raum zu legen und warte ab, wie Deine Siamkatze reagiert. Lobe sie bei jeglicher Form von Interaktion. Ist ihr beides egal, lege es vielleicht etwas näher bei ihr ab. Reagiert sie auch dann nicht, ist das kein schlechtes Zeichen, sondern kann auch positiv sein. Schlecht wäre einzig, wenn sich Deine Katze vor dem Geschirr und der Leine fürchtet. Akzeptiert sie beides jedoch oder zeigt sogar aktives Interesse, kannst Du am nächsten Tag einen Schritt weiter gehen. Falls nicht, solltest Du ihren Abstand zum Geschirr und der Leine deutlich erhöhen und sie nur langsam und mit viel positiver Bestärkung und Leckerchen heranführen.

Lege ihr jetzt das Geschirr einmal lose auf den Rücken. Schnalle es auf keinen Fall fest und probiere auch nicht, es ihr über den Kopf zu ziehen. Lobe Deine Siamkatze sofort, wenn sie ruhig bleibt und belohne sie mit Leckerchen. Verlängere schrittweise jeden Tag die Zeit, in der das Geschirr nur lose auf dem Rücken Deiner Siamkatze liegt und sie dabei ruhig bleibt. Am Anfang reichen schon wenige Sekunden vollkommen aus.

Reagiert sie gestresst und unruhig, wenn Du das Geschirr auf sie legst, musst Du nochmal einen Schritt zurückgehen. Lege am nächsten Tag das Geschirr direkt neben sie und warte so lange ab, bis sie ganz ruhig ist. Jetzt lobst Du sie, belohnst sie mit Leckerchen und nimmst das Geschirr erneut weg. Wiederhole diesen Schritt ein paar mal. Wenn dies gut klappt, legst Du am nächsten Tag das Geschirr nicht mehr nur direkt daneben, sondern ein klein bisschen auf Deine Katze und belohne sie erneut fürs Ruhig bleiben. Taste Dich langsam Schritt für Schritt vor, bis das Geschirr irgendwann komplett auf dem Rücken Deiner Katzen liegen kann und sie dabei ruhig und entspannt bleibt.

Wenn dieser Schritt gut funktioniert, kannst Du probieren, das Geschirr langsam richtig anzulegen. Gehe sehr behutsam und ruhig vor und powere Deine Siamkatze vorher gut aus. Lobe sie sofort, wenn sie ruhig bleibt und nimm das Geschirr nach wenigen Sekunden wieder ab. Wiederhole diese Übung solange, bis sie für euch zwei zur Routine wird.

Wenn das entspannt und problemlos funktioniert, kannst Du die Zeit des Geschirrtragens langsam erhöhen. Ziel ist es, dass Deine Siamkatze vergisst, dass sie das Geschirr trägt und damit ganz normal durch Deine Wohnung läuft.

Ich habe schon häufiger beobachtet, dass manche Katzen, wenn sie das Geschirr tragen, plötzlich (und meist aus Protest) einfach umfallen. Woran das liegt, ist noch nicht klar, Du brauchst aber nicht besorgt sein. In solchen Fällen empfehle ich Dir, eine Katzenangel griffbereit zu halten. Lenke Deine Katze sofort mit dieser ab, sobald das Geschirr sitzt und sie wird ihr Verhalten schnell einstellen, da der Jagdtrieb sie alles andere vergessen lässt.

Bei der gesamten Übungsphase ist es mir wichtig, dass Du Deine Siamkatze niemals unbeaufsichtigt mit dem Geschirr durch Deine Wohnung laufen lässt. Sie könnte sich damit irgendwo verhaken, sitzt fest und gerät in Panik. Sollte so etwas passieren, wird das Geschirr bei ihr für lange Zeit negativ besetzt sein. Das wieder auszugleichen, wird sehr viel Zeit und Geduld von Dir erfordern. Außerdem kann sich Dein kleiner Liebling bei der Aktion auch ernsthaft verletzen.

Zusätzlich dazu habe ich noch folgende allgemeine Trainingstipps für Dich:

- Zwei oder drei kurze Trainingseinheiten am Tag sind deutlich effektiver als eine lange. Diese wird Deine Katze allzu schnell überfordern.
- Lobe Deine Katze immer, wenn sie ruhig bleibt. Spreche im ruhigen Tonfall mit ihr und gebe ihr Leckerchen.
- Sobald Deine Katze ängstlich reagiert oder sogar in Panik verfällt, musst Du die Übung sofort abbrechen. Starte am nächsten Tag einen neuen Versuch, beginne dabei aber wieder bei dem letzten Schritt, den sie noch erfolgreich gemeistert hat.
- Zwinge Deine Siamkatze niemals zu etwas, das sie nicht will. Es wird sowieso nicht funktionieren. Probiere es stattdessen am nächsten Tag behutsam erneut. Zusätzlichen Druck auszuüben ist kontraproduktiv.
- Falls Du später mit ihr Spazieren gehen möchtest, solltest Du die Trainingseinheiten jetzt schon zu der Zeit abhalten, zu der Du später mit ihr raus willst. Katzen lieben Rituale und feste Abläufe, daher solltest Du vorausschauend planen, wann Du mit ihr übst.

Nachdem sich Deine Siamkatze an das Geschirr gewöhnt hat, müssen wir sie noch an die Leine gewöhnen. Ich rate Dir, dafür einen möglichst großen Raum mit einer möglichst großen freien Fläche auszuwählen. Es gibt Katzen, die durch das Anbringen der Leine in Panik verfallen, sich bedroht oder verfolgt fühlen und Fersengeld geben. Dabei stürmen sie ohne Rücksicht auf Verlust durch den Raum, wickeln die Leine um die verschiedensten Gegenstände oder werfen sie gleich direkt um. Je weniger Gegenstände jedoch im Raum vorhanden sind, desto geringer ist die Gefahr.

Hat Deine Siamkatze das Geschirr als Selbstverständlichkeit in eurem Alltag akzeptiert, solltest Du sie nochmal richtig auspowern, bevor Du ihr das erste Mal die Leine anlegst. Gehe ruhig und bedacht vor und warte ab, wie Deine Katze reagiert. Begrenze am besten auch die Länge der Leine, damit sie für die erste Gewöhnung in Deiner Nähe bleibt. Folge ihr überall hin und sorge dafür, dass die Leine nach Möglichkeit nie gespannt ist. Deine Katze soll nicht den Eindruck erhalten, dass die Leine sie einschränkt.

Halte die Zeitabstände zunächst sehr kurz. Beginne mit einer halben Minute und steigere Dich langsam. Klappt eine Viertelstunde problemlos, habt ihr die Leinenführigkeit in der Wohnung gemeistert und ihr könnt sehr stolz auf euch sein. Ich rate Dir, Deine Katze ab diesem Moment immer anzuleinen, wenn es zum Tierarzt geht. Auch wenn Du Deine Katze in einer Transportbox dorthin bringst, wird es

Dir das Team vor Ort danken. Die Leine empfiehlt sich ebenfalls bei Besuch und insbesondere bei einer Vergesellschaftung.

Bei manchen Katzen funktioniert die Gewöhnung an das Geschirr und an die Leine sehr schnell und auf Anhieb. Bei anderen kann sich der Prozess über Monate hinziehen und wieder andere sind gar nicht dazu bereit. Du wirst viel Geduld benötigen und eventuell auch dazu bereit sein müssen, zu erkennen, dass Deine Katze nicht dafür geeignet ist, eine Leine zu tragen. Das ist durchaus möglich und bedeutet für Dein Tier dann ausschließlich Stress und das willst Du nicht, oder? In diesem Fall solltest Du das Training abbrechen.

Willst Du zusätzlich noch Spaziergänge mit Deiner Siamkatze unternehmen, habe ich noch ein paar weitere Tipps für Dich: Als erstes solltest Du den Ort eurer Spaziergänge gut aussuchen. Direkt vor der Haustür loszugehen empfiehlt sich dabei nur selten. Dort ist durch Autos, Fußgänger und Nachbarn meist viel los, was Deine Siamkatze sehr wahrscheinlich komplett überfordern wird. Von einem entspannten Ausgang kann hier nicht die Rede sein. Am besten eignen sich einsame große Wiesenflächen. Sie sollten ruhig – sprich ohne Autoverkehr – gelegen sein und im Idealfall sollten dort nur wenige bis keine Hunde unterwegs sein. Gerade am Anfang ist es hilfreich, wenn auch nur wenige andere Menschen vor Ort sind. Sie sind nur eine Ablenkung und stören schnell.

Hast Du den perfekten Ort gefunden, rate ich Dir, Deine Katze in ihrer Transportbox dorthin zu bringen. Das Geschirr und die Leine solltest Du ihr dabei unbedingt schon in der Wohnung anlegen. Stelle die Box auf der Wiese ab und gebe Deiner Siamkatze erstmal Zeit, sich in der gewohnten und sicheren Box an die neue Umgebung zu gewöhnen. Beobachte sie dabei genau. Versteckt sie sich vorsichtig in der hintersten Ecke? Oder steht sie neugierig an der Tür und signalisiert Dir, dass sie raus will? Ist ersteres der Fall, solltest Du es an dem Tag dabei belassen. Der kleine Ausflug an sich war schon aufregend genug und sollte nicht noch durch einen Spaziergang überdehnt werden. Es kann sein, dass Du mehrere Anläufe benötigst, bis Deine Katze Dir selbstbewusst signalisiert, dass sie bereit für die Außenwelt ist. Das ist ganz normal!

Ist es dann soweit, kannst Du die Tür öffnen. Ab diesem Moment solltest Du die Leine nicht mehr aus der Hand lassen. Warte jetzt wieder ab. Manche Katzen werden sofort aus der Box springen und neugierig ihre Umgebung erforschen. Andere wiederum bleiben trotz geöffneter Tür noch vorsichtig in der sicheren Box sitzen. In der Regel siegt die Neugierde der meisten Katzen jedoch nach einigen Minuten und sie beginnen, ihre neue Umgebung zu erkunden. Will Deine Siamkatze auch nach mehrmaligen

Versuchen die Box nicht verlassen, kannst Du noch probieren, sie mit Leckerchen oder auch mit der Katzenangel zu motivieren. Klappt auch das nicht, ist es eventuell Zeit, sich einzugestehen, dass es sich bei Deiner Siamkatze wortwörtlich um einen Stubentiger handelt und der Freigang an der Leine einfach nichts für sie ist. Auch das ist vollkommen in Ordnung. Auf keinen Fall solltest Du Deine Katze zwingen, die Box zu verlassen. Vielleicht reicht ihr auch schon die Aussicht. Liegt sie ruhig in der Box und schaut gebannt raus, ist das ebenfalls ok. Wiederhole die Ausflüge dann gerne weiterhin und verschaffe ihr somit eine Abwechslung vom Alltag. Und wer weiß, vielleicht obsiegt irgendwann doch noch die Neugierde. Bei verängstigten Tieren solltest Du die Aktion aber definitiv abbrechen.

Verlässt die Katze die Box, kann der Spaziergang beginnen. Die Frage, wer von euch beiden die Richtung vorgibt, ist leicht beantwortet: Die Katze! Folge ihr wohin sie will und gib ihr das Gefühl, selbst entscheiden zu können. Achte im Idealfall darauf, dass die Leine nie gespannt ist. Ausnahmen sind selbstverständlich, wenn Gefahr droht oder sich andere Spaziergänger oder Hunde nähern. Es gibt aber auch Katzen, die sich ähnlich wie ein Hund an der Leine führen lassen. Sie haben eine starke Bindung zu ihrem Menschen und folgen ihm beim Spaziergang und nicht umgekehrt. Du kannst Deine Siamkatze zu diesem Verhalten animieren, indem Du beispielsweise probierst, ihr mit der Katzenangel einen Weg vorzugeben. Lobe sie und gebe ihr Leckerchen, wenn sie dem nachkommt. Trainiere dieses Verhalten immer und immer wieder.

Achte insbesondere bei den ersten Ausflügen darauf, dass sie nicht zu lange dauern. Sie sollten einen Zeitraum von 15 Minuten nicht überschreiten. Macht Deine Siamkatze einen gefestigten Eindruck, kannst Du den Zeitraum langsam erhöhen. Es wird auch Tage geben, an denen Deine Katze nicht in der richtigen Stimmung sein wird. Bestehe dann nicht auf die festgelegte Zeit, sondern breche den Spaziergang ab.

Unterbinde auf jeden Fall, dass Deine Katze an der Leine nach Vögeln oder anderen Tieren jagt. Zum einen ist das Risiko für Deine Katze, sich durch die Leine oder das Geschirr zu verletzen, sehr hoch und für die örtliche Tierwelt nochmal mehr. Meide Plätze, an denen Vögel gefüttert werden oder die als Brutstätten bekannt sind.

Abschließen habe ich noch ein paar Tipps für Halter von reinen Wohnungskatzen:

- Denke daran, Deine Siamkatze regelmäßig zu entwurmen, wenn Du mit ihr draußen an der Leine unterwegs bist.
- Untersuche sie zusätzlich regelmäßig auf Zecken und Flöhe. Informiere Dich bei

Deinem Tierarzt am besten über einen geeigneten Schutz.
- Lege regelmäßige Pausen ein. Katzen sind keine Marathonläufer. Überanstrenge Deine Samtpfote nicht.
- Denke in der warmen Jahreszeit daran, Trinkwasser mitzunehmen. Freiläufer sind es gewohnt, aus Pfützen zu trinken, Wohnungskatzen verweigern das jedoch oft. Außerdem sind sie nicht so resistent gegen Keime und fangen sich schnell Magen-Darm-Infektionen ein.

Besonderheiten bei Deiner Siamkatze

Wie bereits am Anfang dieses Ratgebers erwähnt, handelt es sich bei Deiner Siamkatze um eine Katzenrasse, die schon fast hundeähnliche Verhaltensmuster aufweist. Dazu gehört auch die Bereitschaft, an der Leine spazieren zu gehen. Aus diesem Grund empfehle ich Dir, dieses Training auf jeden Fall anzugehen.

Siamkaten sind sehr freiheitsliebend und daher wird es Dir Deine Katze danken, wenn sie durch die gemeinsamen Spaziergänge mit Dir mehr Freiheiten in ihrem Alltag erhält. Gerade für Katzen, die ansonsten als reine Wohnungskatzen gehalten werden, stellt dieser Auslauf eine enorme Erweiterung ihres Horizonts dar. Es gibt Katzenrassen, die mit einem reinen Wohnungsleben zufrieden sind oder sogar aufgrund von Zuchtmerkmalen draußen gar nicht mehr zurecht kommen. Die Siamkatze gehört nicht zu diesen Rassen. Daher wird es Deine Siamkatze immer zu schätzen wissen, wenn Du ihr die Möglichkeit gibst, die Welt draußen kennenzulernen – es entspricht einfach ihrem Wesen, diese fremde Welt erkunden zu wollen. Denke daher bitte ernsthaft darüber nach ihr diese durch gemeinsame Spaziergänge oder ein eingezäuntes Katzengehege im Garten zu ermöglichen.

Anders als andere Katzen wird Deine Siamkatze sehr wahrscheinlich auch dazu bereit sein, Dir an der Leine zu folgen. Habe dabei aber Geduld und verlange nicht zu viel von ihr. Gebe ihr am Anfang auch immer erst die Möglichkeit, dahin zu gehen, wohin sie will und somit ihre Neugierde schon mal zu befriedigen. Erst wenn sie ruhiger wirkt, kannst Du sie mit Spielzeugen oder Leckerlis dazu bringen, Dir an der Leine zu folgen. Wenn Du das regelmäßig trainierst, wirst Du von euren Erfolgen und der neu entstandenen Bindung zwischen euch begeistert sein.

IN DIE BOX

Die Transportbox habe ich bereits im vorherigen Kapitel als nützliches Hilfsmittel erwähnt. Besonders entspannt und einfach ist der Umgang mit der Box, wenn Du es schaffst, dass Deine Siamkatze auf Dein Kommando hin in die Box geht. So ersparst Du Dir zeitraubende Verfolgungsjagden in Deiner Wohnung, die sowohl für Dich als auch für Deine Katze mit großem Stress verbunden sind. Du hältst das für unmöglich? Das glaube ich Dir nur zu gerne. Denn leider ist in unserer Gesellschaft das Vorurteil, dass Katzen zu so etwas nicht fähig sind, viel zu stark verbreitet.

Ich möchte bei Dir nicht den Eindruck erwecken, dass diese Übung leicht zu bewältigen ist. Ganz im Gegenteil wird sie sehr viel Zeit und Geduld von Dir erfordern. Aber es ist möglich und ich selbst kenne unzählige Katzen, die dazu in der Lage sind. Wie genau Du das auch mit Deiner Siamkatze meistern kannst, erfährst Du auf den nachfolgenden Seiten. Denke immer daran, dass es sich bei Deiner Siamkatze um eine Rassekatze handelt, die im Gegensatz zur gemeinen Hauskatze schon gelernt hat, dass sich die Interaktion mit dem Menschen für sie lohnen kann. Aus diesem Grund ist es bei ihr deutlich leichter, ein so ungewöhnliches Verhaltensmuster zu trainieren. Für eine Katze ist das freiwillige Hineinlaufen in einen kleinen abgeschlossenen Raum mit nur einem einzigen Ein- und Ausgang eine große

Überwindung. Aber durch ihre selektive Zucht, ihre hohe Intelligenz, ihr Vertrauen in den Menschen und ihrer Bereitschaft, mit Dir als ihrem Halter zu interagieren, ist die Rasse der Siamkatze deutlich eher dazu fähig, das »In die Box«-Training zu meistern, als manch eine andere Katze. Da bei diesem Training das richtige Timing für die Belohnung besonders wichtig ist, werde ich es anhand des Clicker-Trainings erklären. Du kannst das Training aber auch ohne Clicker absolvieren.

Bevor Du mit dem Training startest, musst Du entscheiden, ob die Übung mit Deiner jetzigen Box sinnvoll ist. Wenn Deine Siamkatze die Box fürchtet, weil sie viele negative Erfahrungen mit ihr verknüpft, wird das Training dadurch massiv erschwert. In diesem Fall würde ich Dir empfehlen, eine neue Transportbox zu kaufen, die sich optisch deutlich von der bisherigen unterscheidet. Auf diese Weise kann das Training ohne die vorherige negative Belastung beginnen.

Um die Box für Deine Siamkatze attraktiver zu machen, ist es ebenfalls ratsam, sie mit einer Decke so gemütlich wie möglich auszustatten. Lege vielleicht auch ein Kleidungsstück von Dir in die Box. Dein Geruch wird sie für Deine Siamkatze interessanter und gleichzeitig auch vertrauter machen.

Da es sich bei dem »In die Box«-Training um ein komplexes Training handelt, werden wir es in einzelne Trainingsetappen einteilen, um Deiner Siamkatze schnelle Erfolge und Fortschritte zu ermöglichen. Die Erwartung, das komplette Training auf einmal erfolgreich zu meistern, ist viel zu hoch angesetzt und wird auf beiden Seiten nur zu Frustration führen. Folgende Etappen haben sich als sinnvoll bewährt:

- In die Box gehen
- In der Box bleiben
- Türe schließen
- Kommando einführen
- Box herumtragen

Falls Deine Siamkatze eher zu den ängstlichen und vorsichtigen Vertretern ihrer Rasse gehört, kann es sogar sinnvoll sein, noch ein Etappenziel vorneweg zu stellen. Dieses wäre dann „Zur Box schauen".

Stelle für das Training die Transportbox in den Raum und warte ab, wie Deine Siamkatze reagiert. Bei einem ängstlichen Tier belohnst Du am Anfang schon, wenn es nur zur Box schaut. Vermittle ihr das Gefühl, dass die Box gar nicht so schlimm ist, wie sie jetzt denkt. Klicke bei jedem Blick in die richtige Richtung und gebe ihr sofort eine Belohnung. Sehr wahrscheinlich wird Deine Katze sehr viele Blicke und Belohnungen benötigen, um zu verstehen, dass die Box etwas Positives für sie ist. Irgendwann wird aber auch bei ihr die Neugierde siegen und sie wird einen ersten zaghaften Schritt in Richtung der Box machen.

Jetzt sind wir an dem Punkt, an dem für die meisten Katzen das Training beginnt. Sie gehen von sich aus einen Schritt auf die Transportbox zu. Dafür wird sofort geklickt und belohnt. Wichtig ist hier wieder das Timing. Klicke nicht erst, wenn die Schritte erfolgt sind und Deine Katze stehen bleibt, um die Box nochmal zu begutachten. Klicke während sie geht. Somit markierst Du das Gehen und nicht das Stehen. Ist sie bei der Box angekommen, wird sie diese wahrscheinlich beschnuppern, auch dafür wird von Dir fleißig geklickt und belohnt. Vielleicht wird sie auch mit der Pfote gegen die Box schlagen, auch das belohnen wir. Irgendwann wird sie vorsichtig den Kopf in die Box strecken. Für Dich bedeutet das: Klicken und belohnen. Sobald die erste Pfote in der Box ist, wird ebenfalls geklickt und belohnt.

Das Ziel der ersten Etappe ist es, dass die Katze vollständig in die Box geht. Wenn sie von Dir Schritt für Schritt für ihre kleinen Annäherungen belohnt wird, wird sie von Mal zu Mal selbstsicherer und irgendwann komplett in die Box gehen. Damit habt ihr beide das erste Etappenziel gemeistert und Du kannst sie groß belohnen. Doch das Ende der Übung haben wir damit noch lange nicht erreicht. Liegt Deine Siamkatze einmal entspannt in der Box, geht es als nächstes darum, ihre Verweildauer in der Box zu verlängern.

Wahrscheinlich wird sie zu Beginn nur wenige Sekunden in der Box verweilen. Deine Herausforderung ist es jetzt, Deine Katze genau zu beobachten und zu klicken, kurz BEVOR sie aufstehen und die Box verlassen will. Verlängere die Zeitspanne zwischen den einzelnen Klicks langsam aber stetig. Deine Katze ist sehr intelligent und wird mit der Zeit den Zusammenhang zwischen in der Box liegen bleiben und Belohnung kassieren herstellen. Sie bleibt immer länger und entspannter in der Box und bekommt dafür das, was sie will: Ihre Belohnung.

Hast Du es geschafft, dass Deine Siamkatze gerne und entspannt in der Box liegen bleibt, können wir die nächste Etappe in Angriff nehmen. Gewöhne Deine Katze daran, dass die Tür geschlossen wird. Je nach dem wie ängstlich Deine Katze ist, kannst Du die Tür entweder nur Stück für Stück schließen und zwischendurch belohnen oder sie direkt für ein paar Sekunden schließen. Klicke sofort, sobald die Tür zu ist, und belohne. Öffne die Tür danach umgehend. Bleibt Deine Katze beim kurzen Türschließen entspannt, kannst Du damit beginnen, die Zeitspanne zu erhöhen. Achte wieder genau auf Deine Katze und halte die Tür nur so lange geschlossen, wie sie noch nicht nervös wird. Für das Ruhig bleiben trotz geschlossener Tür wird von Dir weiterhin geklickt und belohnt. Wird das Türe schließen von Deiner Siamkatze schon gar nicht mehr wahrgenommen und kannst Du sie problemlos für 15 Minuten geschlossen halten, habt ihr zwei auch dieses Etappenziel gemeistert.

Jetzt könnt ihr dazu übergehen, ein Kommando für die Übung einzuführen. Das Kommando sollte wie immer sehr kurzgehalten und einprägsam sein. Ich selbst verwende den Begriff »Box« als Kommando. Wie erwähnt, findet das Clicker-Training immer in absoluter Stille statt – Du erinnerst Dich hoffentlich daran – daher wird es Deiner Katze jetzt auffallen, wenn Du ab diesem Zeitpunkt immer genau dann »Box« sagst, wenn sie die Box betritt. Im Idealfall solltest Du auch genau in diesem Moment klicken. Wiederhole den Befehl unzählige Male. Wenn Du das Gefühl hast, dass bei Deiner Siamkatze eine Verknüpfung zwischen dem Wort »Box« und dem in die Box gehen erfolgt ist, kannst Du ausprobieren, die Box in unmittelbare Nähe Deiner Katze zu stellen und dann den Befehl zu geben. Geht sie daraufhin sofort in die Box, war die Verknüpfung erfolgreich. Klappt das noch nicht, gehe wieder einen Schritt zurück und verstärke weiter die Verknüpfung.

Klappt das Kommando jedoch, empfehle ich Dir, die Entfernung zur Box langsam aber sicher zu erhöhen. Besonders stolz kannst Du sein, wenn Deine Katze sogar in die Box läuft, wenn sie sich mit Dir in einem anderen Raum befindet.

Kommen wir zur letzten Etappe, dem Herumtragen der Box. Da diese Etappe für viele Katzen eine komplett neue Erfahrung sein wird, gehst Du am besten wiedermal in kleinen Schritten vor. Hebe die geschlossene Box mit Deiner Siamkatze im Inneren nur für einen kleinen Moment circa 10 bis 20 cm vom Boden hoch und klicke sofort, wenn sie ruhig bleibt. Stelle die Box wieder ab und gebe ihr die Belohnung. Wiederhole diese Übung mehrere Male. Nur wenn Deine Katze ruhig und entspannt bleibt, kannst Du anschließend dazu übergehen, die Höhe zu steigern. Danach kannst Du Dich eine kurze Distanz (ca. 1 Meter) mit der Box entfernen. Ziel sollte es sein, dass Du zum Abschluss des Trainings mehrere Male durch die gesamte Wohnung und vielleicht auch durch das Treppenhaus laufen kannst, während Deine Siamkatze entspannt in der Box liegen bleibt. Sie sollte nicht nervös werden, miauen oder an der Tür kratzen.

Wenn Du willst, kannst Du das Training jetzt noch ausweiten, in dem Du in kleinen Schritten das Autofahren übst. Die Trainingsetappen dafür könnten wie folgt aussehen:

- Katze ins Auto setzten
- Motor laufen lassen
- Kurz vor und zurück fahren
- einmal um den Block fahren
- 10 Minuten fahren

Zusätzlich kannst Du, wenn diese Schritte klappen, einen Termin beim Tierarzt vereinbaren. Wichtig ist, dass Deine Siamkatze bei diesem Termin keine schlechten Erfahrungen macht. Der Tierarzt sollte von Dir eingeweiht sein und sie lediglich aus der Box holen (am besten ist sie dafür von Dir angeleint) und sie mit Streicheleinheiten und Leckerlis belohnen. Auf diese Weise wird er positiv verknüpft und Deine Siamkatze wird das Verreisen mit der Box als spannende Abwechslung empfinden. Achte für ihr gesamtes Leben darauf, dass es nicht immer nur für fiese Spritzen und unangenehme Untersuchungen in der Box zum Tierarzt geht. In deutlich mehr Fällen sollte sie bei einem Ausflug mit der Box etwas Positives erleben. Erfolgt das nicht, wird sie die Box schnell als etwas Schlechtes ansehen und nicht mehr auf Dein Kommando hin in die Box gehen.

Besonderheiten bei Deiner Siamkatze

Bedenke bei Deiner Siamkatze, dass es sich bei ihr um eine mittelgroße Katze handelt und die Box ebenfalls entsprechend groß sein sollte. Wenn sie Deine Katze zu sehr einengt, wird sie sich auch trotz des besten Trainingsaufbaus nicht wohl fühlen und die Box eher meiden. Lasse Dich in einem Tierfachgeschäft daher gut beraten, welche Box zu Deiner Siamkatze passt.

APPORTIERTRAINING

Apportieren ist eine großartige Möglichkeit, um Deine Katze nicht nur körperlich sondern auch mental zu beschäftigen. Jede Katze ist von ihrem Temperament und ihrer Intelligenz individuell und besonders. Manche lernen das Apportieren sofort oder zeigen es sogar von sich aus, während andere etwas länger brauchen, um zu verstehen, was Du von ihnen willst. Aber eines ist gewiss: Wenn Du das Training in ausreichend kleinen Schritten aufbaust, wird jede Katze dazu in der Lage sein, das Apportieren zu erlernen.

Bevor Du mit dem Training startest, habe ich noch ein paar kleine Tipps für Dich:

- Wähle den Trainingsort gewissenhaft aus. Es sollte ein ruhiger Raum in Deiner Wohnung sein, der möglichst frei von Ablenkungen ist und bei dem der Boden relativ frei ist.
- Wähle das Spielzeug mit Bedacht aus. Im Idealfall sollte es Deine Siamkatze jetzt schon mögen. Sie muss es aber auch gut ins Maul nehmen können. Ein kleiner Ball oder eine kleine Stoffmaus eignen sich sehr gut. Am besten nimmst Du immer dasselbe Spielzeug zum Apportiertraining. Das

macht es für Deine Katze einfacher zu verstehen, dass jetzt Apportieren von ihr gefragt ist. Sperre das Spielzeug am besten weg und hole es nur zum Apportieren hervor.
- Wähle einen guten Trainingszeitpunkt aus. Ich empfehle hierfür die Zeit direkt vor der Fütterung. Deine Siamkatze ist zu dieser Zeit wach und aufmerksam und äußerst bereit, sich ihr Essen zu erarbeiten.

Zur Erläuterung der einzelnen Trainingsschritte werde ich wieder den Clicker verwenden. Wie bei allen anderen Übungen kannst Du dieses Training aber auch vollkommen ohne Clicker absolvieren.

Der größte Fehler, den die meisten beim Apportiertraining begehen, ist, dass sie einfach den Ball werfen und erwarten, dass die Katze hinterherläuft und ihn zurückbringt. In wenigen Ausnahmefällen wird das zwar funktionieren, aber die meisten Katzen werden mit diesem Trainingsaufbau vollkommen überfordert sein. Wir gehen daher wie üblich in kleinen Schritten vor.

Das erste Ziel, das wir erreichen wollen, ist, dass Deine Katze das Spielzeug mit ihrem Gesicht berührt. Halte dafür z.B. den Ball circa 15 cm von ihrem Gesicht entfernt in die Luft. Wenn sie zu dem Ball schaut, wird von Dir geklickt. Streckt sie sich in seine Richtung, klickst Du. Geht sie auf ihn zu, klickst Du. Schnüffelt sie an ihm, klickst Du und so weiter. Wiederhole diese Übung so lange, bis Deine Katze automatisch wieder zum Ball schaut, nachdem sie ihr Belohnungsleckerchen gefressen hat und diesen ohne ein Kommando von Dir berührt.

Hat sich Deine Siamkatze daran gewöhnt, das Spielzeug jedes Mal zu berühren, wenn Du es ihr zeigst, ist der nächste Schritt, dass sie lernt, es in ihr Maul zu nehmen. Lasse Deine Katze das Spielzeug daher erneut berühren, aber klicke dieses Mal nicht. Es gibt auch kein Leckerchen. Sehr wahrscheinlich wird Dich Deine Katze jetzt empört anschauen. Wenn sie aber schon an das Clicker-Training gewöhnt ist, wird sie jetzt wissen, dass ein neues Verhalten von ihr verlangt wird. Mit der Zeit wird der eine Moment kommen, in dem sie ihr Maul öffnet und das Spielzeug in den Mund nimmt und genau da darfst Du endlich wieder klicken. Gib ihr ein Leckerchen und halte ihr das Spielzeug danach erneut hin. Wiederhole diese Übung und klicke jedes Mal, wenn sie das Spielzeug ins Maul nimmt.

Ist dieser Schritt erfolgreich gemeistert, muss Deine Siamkatze als Nächstes lernen, das Spielzeug vom Boden aus in ihr Maul zu nehmen. Lege es daher direkt vor Deiner Siamkatze auf den Boden, anstatt es ihr hin zu halten. Nur wenn sie es aufnimmt, darfst Du jetzt wieder klicken. Nutze die Zeit, in der Deine Katze ihr Leckerli frisst, um das

Spielzeug in kurzer Entfernung erneut auf den Boden zu legen. Klicke erneut, wenn sie es am neuen Ort wieder in ihr Maul nimmt und gebe ihr ein weiteres Leckerchen. Wiederhole diese Übung so lange, bis sie perfekt sitzt.

Manche Katzen verlieren bei diesem Teil des Trainings schon mal das Interesse an dem Spielzeug. Bestehe in solchen Fällen nicht auf das Training, sondern wechsle beispielsweise in ein Jagdspiel. Beginne das Training am nächsten Tag mit einem vorherigen Schritt und versuche es erneut.

Als Nächstes muss Deine Siamkatze lernen, das Spielzeug im Maul zu behalten. Lege es dafür wieder vor sie, lasse es sie aufnehmen, klicke aber erst, wenn sie es ein paar Sekunden im Maul behalten hat. Erhöhe den Zeitraum langsam um wenige Sekunden. Für eine Steigerungsform legst Du das Spielzeug direkt hinter Deine Katze. Sie muss sich jetzt umdrehen, das Spielzeug aufnehmen und sich mit dem Spielzeug im Maul wieder zu Dir umdrehen, damit Du klickst und sie ein Leckerli bekommt. Wiederhole auch diese Übung immer wieder, bis sie perfekt klappt.

Jetzt haben wir es schon fast geschafft. Wenn sich Deine Siamkatze erfolgreich mit dem Spielzeug im Maul dreht, können wir als nächstes das Apportieren verstärken. Werfe das Spielzeug dafür eine kurze Distanz von euch beiden weg. Warte ab, bis sie zu ihm läuft, es ins Maul nimmt und zu Dir zurückbringt. Halte die Distanz am Anfang wirklich gering und erhöhe sie nur in sehr kleinen Schritten. Wenn Deine Siamkatze das Spielzeug zwar apportiert, es aber nicht vor Dir fallen lässt, zeige ihr das Leckerchen. Um dieses zu fressen, wird sie das Spielzeug unweigerlich fallen lassen.

Wenn dieser Ablauf perfekt funktioniert, kannst Du damit arbeiten, Kommandos wie »Bring« oder »Fallen lassen« einzuführen. Wenn Deine Siamkatze ein überaus großes Talent zum Apportieren zeigt, kannst Du die Übung weiter ausbauen. Der erste Schritt ist, dass sie zum Beispiel erst loslaufen darf, wenn Du das Wortkommando gibst. Eine weitere Steigerungsform erreichst Du, indem Du ein zweites Spielzeug dazu holst. Führe dafür zunächst beim ersten Spielzeug das Kommando »Bring Ball« ein. Danach trainierst Du erstmal ausschließlich mit dem zweiten Spielzeug und trainierst sie dabei beispielsweise auf das Kommando »Bring Maus«. Sitzen beide Kommandos, kommt die große Herausforderung für Deine Siamkatze. Du wirfst beide Spielzeuge (am besten in unterschiedliche Richtungen aber nur in kurzer Distanz) und gibst Deiner Katze jetzt die Anweisung, welches sie zuerst holen soll. Hat sie es erfolgreich gebracht, gibst Du das Kommando für das andere Spielzeug.

Du merkst, mit etwas Kreativität kannst Du das Apportieren für Deine Siamkatze zum spannenden Zeitvertreib machen. Achte aber darauf, dass die Trainingseinheiten nicht zu lange dauern. Gerade zu Beginn sollten sie nicht länger als 3 bis 5 Minuten sein. Wenn Deine Katze jedoch großen Spaß daran findet, kannst Du die Dauer langsam ausdehnen. Achte aber genau auf ihr Verhalten und höre frühzeitig mit einem Erfolgserlebnis auf, bevor sie selbst die Lust daran verliert.

Besonderheiten bei Deiner Siamkatze

Mit Deiner Siamkatze hast Du Dich für eine Rasse entschieden, bei der die innere Raubkatze zwar nicht mehr äußerlich, aber dafür durchaus noch innerlich in Erscheinung tritt. Bei ihr sind die Grundbedürfnisse der Raubkatze (Jagen-Fangen-Töten-Fressen-Ruhen) immer noch vorhanden und sie wird daher sehr wahrscheinlich einen großen Spaß am Apportieren haben. Es entspricht einfach ihrem Wesen.

Außerdem lernen Siamkatzen das Apportieren meist deutlich schneller als die gemeine Hauskatze oder sogar andere Rassekatzen. Ich kann Dir daher nur empfehlen, es auszuprobieren, denn es ist auch für Dich als Halter eine tolle und abwechslungsreiche Beschäftigung. Achte bei dem Spielzeug darauf, dass es nicht zu groß oder zu klein ist. Es sollte bei Deiner Siamkatze gut ins Maul passen, aber auch nicht so klein sein, dass es unter der Couch oder einem Schrank verschwinden oder gar von ihr verschluckt werden kann.

Solltest Du ein besonders aktives Exemplar erhalten

haben, kannst Du das Apportieren sehr gut nutzen, um Deine Siamkatze vor dem Training auszupowern. Sie wird sich dann besser konzentrieren können und sich nicht mehr so leicht ablenken lassen. Aber pass auf, es ist ein schmaler Grat zwischen genügend ausgepowert und zu viel.

Spaßtraining

Das Spaßtraining ist mit Abstand das bekannteste und beliebteste Training bei den meisten Haltern. Zwar wird es – wie auch die anderen Trainingsarten – meistens eher mit Hunden als mit Katzen assoziiert, aber wie Du mittlerweile weißt, kannst Du es ebenso gut bei Katzen anwenden.

Das Spaßtraining zeichnet sich vor allem dadurch aus, dass die Trainings keinen besonderen Nutzen für das Zusammenleben von Mensch und Katze haben, sondern ausschließlich dem Spaß und dem miteinander Beschäftigen dienen. In den nachfolgenden Unterkapiteln stelle ich Dir meine vier Lieblingstricks vor. Sie machen nicht nur sehr viel Spaß beim Üben und später auch beim stolzen Vorführen vor Freunden und Bekannten, sondern sehen meist einfach goldig aus. Die Liste der möglichen Übungen ist selbstverständlich nicht vollständig und kann von Dir durch schier unendliche Varianten erweitert werden.

Besonderheiten bei Deiner Siamkatze

Für das Spaßtraining gibt es an sich keine rassenspezifischen Besonderheiten. Da Deine Siamkatze sehr aktiv, neugierig und intelligent ist, ist ihre Bereitschaft an diesem Training teilzunehmen höher, als es bei ruhigeren Katzenrassen wie der Britisch Kurzhaar der Fall ist. Darüber hinaus ist es natürlich hilfreich, wenn eine Rasse – wie die Deiner Siamkatze – an der Interaktion mit dem Menschen ein großes Interesse hat und fast schon den hundetypischen „will to please" aufweist. Dadurch wird sie neue Befehle schneller lernen und mit mehr Begeisterung dabei sein als die gemeine Hauskatze.

Die Startvoraussetzungen für Deine Siamkatze und Dich sind daher ideal für das Spaßtraining. Da die Tiere meist einem kleinen Schabernack nicht abgeneigt sind, bin ich mir sicher, dass ihr zwei großen Spaß an dem Training haben werdet.

PFÖTCHEN GEBEN

Beginnen wir mit einer der bekanntesten Übungen schlechthin: Dem Pfötchen Geben. Ziel dieser Übung ist es, dass wir die flache Hand ungefähr auf Schulterhöhe der Katze halten und diese ihre Pfote auf unsere Hand legt. Im Verhältnis zu den bisherigen Trainings wie Leinenführigkeit, »in die Box« und Apportieren ist »Pfötchen geben« verhältnismäßig einfach zu trainieren und führt schnell zu Erfolgen. Außerdem hat es den großen Vorteil, dass Du es auch bei der regelmäßigen Untersuchung der Pfote Deiner Katze verwenden kannst.

Begehe bitte nicht den Fehler und nehme einfach die Pfote Deiner Katze in die Hand, schüttle sie und gebe ihr dann ein Leckerchen. Bei manchen Katzen mag das funktionieren, die meisten werden es allerdings nicht mögen, wenn Du ungefragt ihre Pfote in die Hand nimmst und hochhebst. Langanhaltender und positiver wird das Training, wenn Du wieder in kleinen Schritten vorgehst. Ich erläutere den Trainingsablauf erneut anhand der Clicker-Methode, Du kannst es aber wie immer auch ohne Clicker trainieren.

Das Einzige, was Du für dieses Training benötigst, ist Deine Katze, ein paar Leckerlis und ggf. den Clicker. Lege Deine Hand mit der Handfläche nach oben direkt neben der Pfote Deiner Katze auf den Boden. Achte darauf, dass Deine Hand ihre Pfote aber nicht berührt. Im Idealfall sollte Deine Katze bemerken, dass Du Deine Hand dorthin legst und neugierig hinschauen. Das ist der Moment, in dem Du das erste Mal klickst und belohnst. Als nächstes wird sie sehr wahrscheinlich an Deiner Hand schnuppern wollen. Belohne auch das. Achte genau auf jede noch so kleine Bewegung bei Deiner Siamkatze. Sollte sie ihre Pfote auch nur kurz vom Boden heben, musst Du genau dann klicken. Wenn Du das ein paar Mal wiederholst, wird es nicht mehr lange dauern, bis Deine Katze die Pfote in Richtung Deiner Hand bewegen wird. Belohne das sofort mit einem Klick und einem Leckerli. Der nächste Schritt besteht in einer kurzen Berührung Deiner Hand. Wenn Deine Katze sie auch nur für den Bruchteil einer Sekunde berührt, wird geklickt.

Klappt auch das zuverlässig, kannst Du Deine Hand langsam anheben. Belohne und klicke weiter, bis eine Höhe von 10 bis 15 Zentimetern kein Problem mehr darstellt. Erst danach gehen wir die Dauer der Berührung an. Verzögere daher Deinen Klick um ein paar Sekunden. In dieser Zeitspanne muss die Pfote unbedingt in der Hand liegen bleiben. Erwarte auf keinen Fall zu viel von Deiner Katze. Zu Beginn sind schon wenige Sekunden ein wirklich tolles Ergebnis. Bei schüchternen oder ängstlichen Katzen reicht schon eine halbe Sekunde vollkommen aus. Passe Dein Trainingstempo an Deine Katze an und vergrößere die Zeitspanne nur in kleinen Schritten. Sobald sie die Pfote für 10 Sekunden ruhig auf Deiner Hand belässt, habt ihr das Training erfolgreich gemeistert.

Willst Du es dann noch steigern, kannst Du ihr antrainieren, welche Pfote sie Dir geben soll. Nimm beispielsweise bei der linken Pfote immer die linke Hand und bei der rechten Pfote die rechte Hand. Außerdem kannst Du ihr für eine medizinische Untersuchung beibringen, dass sie die Pfote auch nicht wegzieht, wenn sie sanft gedreht und genau begutachtet wird. Dein Tierarzt wird Dir dieses Training sicherlich zu danken wissen.

SCHLECKEN

Das besondere bei diesem Training ist, dass wir Deiner Siamkatze kein neues Verhalten antrainieren möchten, sondern dass wir von ihr wollen, dass sie ein natürliches und bekanntes Verhalten zeigt, wenn wir ihr das entsprechende Kommando dazu geben. Ich habe mich in diesem Fall für das Schlecken entschieden. Es sieht besonders süß aus und hat den großen Vorteil, dass fast jede Katze, die ich kenne, regelmäßig über ihre Lippen schleckt, nachdem sie etwas herunter geschluckt hat. Du kannst nach dem gleichen Prinzip aber auch eine Vielzahl anderer Verhaltensweisen bewusst trainieren.

Wir beginnen dieses Training, indem wir Deine Siamkatze einen bereits einstudierten Trick (wie beispielsweise das Pfötchen geben) vorführen lassen. Für die erfolgreiche Ausführung erhält sie einen Klick und eine Belohnung. Jetzt kommt es auf Dich und Dein Timing an. Beobachte Deine Katze genau. Zeigt sich ihre Zunge zum Schlecken, musst Du sofort klicken. Gebe ihr zur Belohnung ein Leckerli und klicke erneut, sobald sich die Zunge zeigt. Das praktische bei dieser Übung ist, dass sich durch die Belohnung eine Endlosschleife ergibt und Du immer wieder erneut einen Anlass zum Klicken bekommst. Sollte Deine Katze ausnahmsweise nach dem Schlucken mal nicht schlecken oder verpasst Du das Schlecken, ist das auch kein Problem. Lasse sie einfach erneut einen bereits bekannten Trick aufführen und beginne von Neuem mit Deiner Endlosschleife aus Schlecken, Klicken und Belohnen.

Hast Du die Übung oft genug wiederholt und im Idealfall auch das Gefühl, dass Deine Siamkatze jetzt mehr schleckt als zuvor, kannst Du den nächsten Schritt in Angriff nehmen. Klicke jetzt nur noch, wenn das Schlecken außerhalb des normalen Ablaufes auftritt. Das heißt für Dich, dass Du jetzt nicht mehr klickst, wenn Deine Katze nach dem Schlucken automatisch schleckt. Du klickst nur noch, wenn sie schluckt, kurz wartet und dann bewusst schleckt. Das bewusste Schlecken erkennst Du daran, dass sie anschließend eine Belohnung von Dir dafür erwartet. Hast Du das Gefühl, dass Deine Katze jetzt ganz bewusst schleckt, solltest Du langsam aber sicher die Zeitspanne erhöhen, die zwischen Schlucken und Schlecken liegen muss, um einen Klick dafür zu bekommen.

Klappt auch das, kannst Du mit der Einführung eines Sprachkommandos beginnen. Auch hierbei kommt es wieder sehr genau auf Dein Timing und Deine Beobachtungsgabe an. Wenn Du Deine Siamkatze oft genug dabei beobachtet hast, wirst Du in der Lage sein zu erkennen, wann sie kurz davor ist, zu schlecken. Genau in diesem Moment gibst Du jetzt das Kommando – z.B. »Schleck« – und klickst selbstverständlich, wenn sie daraufhin das gewünschte Verhalten zeigt. Wiederhole diese zusätzliche Kommandogabe immer und immer wieder. Wenn Du das Gefühl hast, dass eine Verknüpfung entstanden ist, kannst Du probieren, das Wortsignal zu geben, ohne dass Du vorher sehen konntest, dass Deine Siamkatze jetzt schlecken wollte. Schleckt sie daraufhin, klickst Du und belohnst. Ab jetzt wird das Schlecken nur noch belohnt, wenn Du vorab das Sprachkommando gegeben hast. Klappt es noch nicht, gehst Du wieder einen Schritt zurück und sagst das Kommando erstmal wieder nur zusätzlich, kurz bevor Deine Katze schleckt.

Zum Abschluss habe ich noch ein paar Tipps für Dich:

- Das Wichtigste bei dieser Übung ist das Timing Deines Klicks. Das Schlecken geht extrem schnell und es braucht etwas Übung, um genau im richtigen Moment zu klicken.
- Sehr wahrscheinlich wirst Du daher nicht alle Schlecker erwischen. Hier gilt der Grundsatz: Besser nicht klicken, als falsch klicken! Deine Siamkatze wird den Trick auch lernen, wenn Du mal einen Schlecker auslässt. Fordere sie einfach erneut zu einem Trick auf, gib ihr eine Belohnung und warte auf den nächsten Schlecker.
- Ich habe im Laufe des Trainings die Erfahrung gemacht, dass meine Katzen bei weichem Futter häufiger schlecken als bei

härterem. Zu weiches Futter (z.B. in Form von Leberwurst) ist allerdings auch nicht förderlich, da die Katzen dann zu viel schlecken und Du mit dem Klicken nicht mehr hinterherkommen wirst.

- Sehr wahrscheinlich wird Deine Katze Dich nicht jedes Mal anschauen, wenn sie sich über die Lippen schleckt, was für Dein Timing nicht gerade förderlich ist. Du musst daher zu Beginn auch in der Lage sein, das Schlecken beispielsweise zu hören, um im richtigen Moment zu klicken. Gegen Ende der Übung kannst Du allerdings einführen, dass es nur noch einen Klick gibt, wenn Dich Deine Katze beim Schlecken auch anschaut. Am Anfang wird dies jedoch zu schwierig sein.

MÄNNCHEN MACHEN

Der Trick des »Männchen Machens« ist wahrscheinlich ebenso bekannt und beliebt wie »Pfötchen geben«. Allerdings ist er in der Ausführung und daher auch im Einstudieren etwas komplexer. Falls Du Dir darunter nichts vorstellen kannst, es bedeutet, dass sich Deine Siamkatze auf die Hinterläufe setzt und sich mehr oder weniger gerade aufrichtet, wobei sie die Vorderläufe vom Boden nimmt. Dieses Verhalten ist durchaus natürlich und kann von Dir regelmäßig beobachtet werden, wenn sich Deine Katze für einen bestimmten Gegenstand interessiert, aber sonst nicht an ihn herankommt.

Am besten gelingt der Trick, wenn Du einen Targetstick zur Hilfe nimmst. Du erinnerst Dich bestimmt daran, dass der Stick dazu dient, dass Deine Katze immer ihre Nase daran halten muss, egal wie wir ihn bewegen. Vereinfacht dargestellt, müssten wir den bereits konditionierten Targetstick daher nur in die Höhe heben und Deine Siamkatze sollte von sich aus Männchen machen. So einfach wird es sehr wahrscheinlich aber nicht sein. Daher empfehle ich auch bei diesem Trick, in kleinen Schritten vorzugehen. Der Targetstick erfüllt bei diesem Training eine ähnliche Funktion wie die Stützräder am Kinderfahrrad. Er hilft uns bei den ersten Schritten und führt zu schnellen Erfolgen (die sowohl Dich als auch Deine Siamkatze motivieren). Das langfristige Ziel sollte aber immer sein, den Trick auch ohne die Stütze ausführen zu können. Natürlich kannst Du es auch direkt ohne den Stab probieren. Wie beim Fahrradfahren funktioniert auch dieser Trick ohne Stützräder, es wird allerdings sowohl für Dich wie auch Deine Siamkatze etwas schwieriger.

Halte zu Beginn der Übung den Stab etwa auf Nasenhöhe Deiner Katze. Wenn sie ihn berührt, führst Du ihn langsam immer höher. Irgendwann ist der Punkt erreicht, an dem sie ein Männchen machen muss, um ihn weiterhin zu berühren. Erst wenn Du mit der Position des Männchens zufrieden bist, kannst Du damit beginnen, die Zeitspanne zu erhöhen. Erinnere Dich daran, immer nur ein Kriterium auf einmal zu trainieren.

Was so einfach klingt, führt jedoch immer wieder zu kleineren Problemchen. Daher habe ich folgende Tipps für Dich:

- Klicke immer dann, wenn Deine Katze gerade zum Männchen aufsteigt. So verknüpft sie, dass Du dieses Verhalten sehen möchtest. Klicke auf keinen Fall, wenn sie gerade wieder runterkommt, da sie sonst denkt, dass Du das Abbrechen der Männchen-Position gut findest. Wie bei allen Übungen gilt auch hier wieder: Kein Klick ist besser als ein falscher Klick!

- Sollte Deine Katze nach dem Targetstick fischen, statt ihn mit der Nase zu berühren, hältst Du ihn sehr wahrscheinlich zu hoch. Senke ihn und in den meisten Fällen wird ihn Deine Katze jetzt wieder berühren.
- Bemühe Dich, den Stick so ruhig wie möglich zu halten. Oft kommt es dazu, dass wir den Stick bewegen, wenn wir klicken (insbesondere, wenn wir Clicker und Stick wie von mir empfohlen in einer Hand halten). Das ist nicht nur kontraproduktiv für Dein Training, sondern kann auch dazu führen, dass Du den Stick zu feste gegen die Nase Deiner Katze drückst, was ihr überhaupt nicht gefallen wird. Übe daher vorher unbedingt nochmal den Einsatz von Stick und Clicker.

Hat das Training bis hierhin gut funktioniert, wollen wir jetzt den Targetstick langsam abbauen. Schließlich willst Du Deine Siamkatze später auch ganz ohne den Stab zum Männchen Machen animieren können. Am einfachsten ist die Abgewöhnung des Sticks, wenn Du einen in der Länge verstellbaren Stick besitzt. Ist das nicht der Fall, ist das auch kein Problem. Anstatt die Länge des Sticks schrittweise zu verkürzen, fasst Du ihn einfach immer ein Stück weiter vorne an, auf diese Weise verkürzt er sich ebenfalls. Außerdem solltest Du Dir noch ein Handzeichen überlegen, dass Du zukünftig verwenden möchtest. Ich nehme der Einfachheit halber eine Faust, da die Hand beim Stickhalten schon so ähnlich aussieht.

Beginne das Training zunächst genauso wie zuletzt. Der einzige Unterschied ist, dass Du bei jeder Wiederholung den Targetstick leicht verkürzt. Am Ende hältst Du den Stick direkt am Ende fest. Jetzt macht Deine Katze das Männchen eigentlich nicht mehr nur zum Stab sondern auch zu Deiner Hand hin. Wiederhole diese Version immer und immer wieder, bis es auch bei komplett eingezogenem Targetstick zuverlässig funktioniert. Lasse jetzt den Stick weg und probiere es nur mit dem Handzeichen (in meinem Fall der geschlossenen Faust). Funktioniert es, habt ihr es geschafft. Klappt es noch nicht, dann nimm wieder den Stick zur Hilfe. Wichtig ist bei der Entwöhnung des Sticks, dass Du Dich wieder nur auf ein Kriterium fokussierst. Die perfekte Ausführung des Männchens und auch die Dauer spielen jetzt nur eine untergeordnete Rolle. Beides kannst Du wieder verfeinern, wenn sich Deine Siamkatze an das Handzeichen gewöhnt hat.

Reicht Dir das Handzeichen noch nicht, kannst Du abschließend noch das Sprachkommando »Männchen« einführen. Wie das geht, weißt Du jetzt sicherlich schon selbst und benötigst nicht mehr meine Anleitung dafür.

Sprung durch den Reifen

Der Sprung durch den Reifen ist eine meiner absoluten Lieblingsübungen. Er sieht nicht nur großartig aus und erinnert die meisten von uns an einen Zirkus, sondern powert auch aktive Katzen ganz hervorragend aus. Außerdem handelt es sich entgegen der allgemeinen Vermutung bei dem Sprung durch den Reifen um einen recht einfachen Trick, der von den meisten Katzen sehr schnell erlernt wird.

Für dieses Training empfehle ich Dir erneut den Targetstick, da er auch hier wieder eine große Erleichterung ist. Übe vorab, den Reifen in der einen und den Stick mit dem Clicker in der anderen Hand zu halten. Das ist gar nicht so leicht und für viele Halter mit die größte Herausforderung an diesem Training. Den Ring solltest Du unbedingt an die Größe Deiner Katze anpassen. Allgemein gilt, je größer der Ring, desto einfacher ist es für Deine Katze, durch ihn hindurch zu springen. Der Ring meiner Wahl ist eine runde Kuchenbackform, bei der ich den Boden herausgenommen habe. Du kannst am Anfang aber auch einen Hula-Hoop-Reifen nehmen und den Durchmesser Deines Ringes langsam reduzieren.

Zu Beginn des Trainings stellst Du den Ring auf den Boden. Halte ihn aber mit einer Hand fest, um zu verhindern, dass er umfällt und Deine Katze dadurch ängstigt oder verunsichert. Deine Katze sollte sich auf einer Seite des Ringes befinden und Du hältst den Targetstick für sie gut sichtbar auf die andere Seite. Einen Klick erhält Deine Siamkatze immer genau dann, wenn sie sich genau inmitten des Ringes befindet oder ihn gerade durchquert. Klicke nicht, wenn sie schon hindurch ist. Schließlich soll sie verknüpfen, dass das von uns gewünschte Verhalten das Durchqueren des Ringes ist. Das Leckerchen fütterst Du ihr am besten so, dass sie sich dafür wieder umdrehen muss und schon in Position ist, um den Ring erneut zu durchqueren. Dadurch stellst Du sicher, dass sie bemerkt, wenn Du den Stab erneut für sie hochhältst.

Gerade am Anfang werden manche Katzen den Ring noch etwas komisch finden und sich nur langsam herantasten. Wenn Du sie jedoch gut auf den Targetstick konditioniert hast, wird es nicht lange dauern, bis sie sicher und selbstbewusst durch den Ring läuft, um sich ihre Belohnung zu sichern. Sollte es dennoch nicht klappen, ist vielleicht auch einfach der Ring zu klein oder der Rand – wie bei der Backform – zu groß für sie. Probiere dann bitte einen anderen Ring aus.

Klappt das Durchqueren des am Boden liegenden Ringes, kann Du damit beginnen, die Höhe anzupassen. Hebe ihn in kleinen Schritten höher an. Ansonsten bleibt der Übungsablauf unverändert. Bei den ersten paar Zentimetern wird Deine Siamkatze wahrscheinlich keine Veränderung bemerken. Doch irgendwann muss sie die

Pfoten höher heben oder tatsächlich springen. Selbstverständlich klickst Du nur, wenn Deine Katze durch den Ring springt und niemals, wenn sie drumherum oder untendurch läuft. Wie hoch Du den Ring halten kannst, hängt ganz von Deiner Siamkatze ab. Eine Höhe von 30 bis 50 Zentimetern ist aber von den meisten Katzen noch zu meistern. Wichtig ist, dass Du wie immer in kleinen Schritten vorgehst und erst, wenn sie eine Höhe gemeistert hat, auf die nächste übergehst.

Klappt das Durchspringen des Reifens zuverlässig, kannst Du damit beginnen, den Targetstick langsam abzubauen. Überlege Dir hierfür wieder ein passendes Handzeichen, das den Stick ersetzen soll. Ich habe mich für den ausgestreckten Finger entschieden, da sich auch dieses Handzeichen sehr gut mit dem Stick verbinden lässt. Verkürze im weiteren Verlauf wie bei der Übung »Männchen« den Stick, bis Deine ausgestreckte Fingerspitze genau am Ende des Sticks angekommen ist. Wiederhole die Übung in dieser Form viele Male, bis Du den Stick schlussendlich weglässt. Um Dich erneut nur auf ein Kriterium zu konzentrieren, kann es an dieser Stelle sinnvoll sein, den Ring wieder etwas niedriger zu halten. Das ist sowohl für Dich in der Koordination einfacher, als auch für Deine Siamkatze in der Ausführung.

Ist auch diese Hürde gemeistert, kannst Du, wenn Du willst, noch das Sprachkommando »Spring« einführen. Weitere

Variationen kannst Du einleiten, indem Du beispielsweise den Untergrund veränderst. Lasse Deine Siamkatze nicht nur durch den Ring, sondern gleichzeitig von einem Stuhl auf den anderen springen oder vom Boden auf den Stuhl. Lasse auch hier wieder Deiner Fantasie freien Lauf. Wirklich anspruchsvoll wird es, wenn Du ihr verschiedene Ringe hinhältst und sie auf Dein Kommando gezielt durch den einen hin und im Anschluss durch den anderen wieder zurück springt.

Abschließend möchte ich Dich darauf hinweisen, dass Du bei dieser Übung immer darauf achten solltest, dass sich Deine Siamkatze nicht verletzen kann. Sie ist zwar ein geübter Athlet, der in der Regel selbst einzuschätzen vermag, was er kann und was nicht, aber es schadet nicht, wenn auch Du darauf achtest. Steigere den Schwierigkeitsgrad immer nur langsam und setze Deine Katze gerade bei den Erweiterungsübungen keinem großen Risiko aus. Der Reifen sollte keine scharfen Kanten aufweisen und der Untergrund sollte nicht wackeln. Das Training solltest Du auch nicht mit zu jungen Katzen starten, da das viele Springen nicht gut für ihre Gelenke ist.

Weitere Anregungen

Ich hoffe, ich konnte Dir auf den vorangegangen Seiten vermitteln, wie abwechslungsreich Du mit Deiner Siamkatze trainieren kannst. Im Prinzip sind die Abläufe und Hilfsmittel immer die gleichen und mit etwas Fantasie kannst Du Dir durch diesen Ratgeber eine ganze Reihe von Trainings ableiten.

Um Deiner Fantasie aber etwas auf die Sprünge zu helfen, möchte ich Dir in diesem Kapitel noch ein paar Anregungen geben, wie Du Deine Siamkatze noch weiter körperlich, aber auch mental trainieren kannst.

- <u>Slalom laufen</u>: Stelle ein paar Wasserflaschen auf und lasse Deine Katze im Slalom dran vorbei laufen.
- <u>Glöckchen klingen lassen</u>: Befestige ein Glöckchen so hoch, dass Deine Siamkatze gerade noch dran kommt und lasse sie es auf Dein Kommando läuten.
- <u>High Five</u>: Eine Abwandlung von Pfötchen geben. Hier legt die Katze ihre Pfote nicht in die flache Hand, sondern schlägt in die hingehaltene Hand ein.
- <u>Rolle seitwärts</u>: Die Katze rollte sich im Liegen von der einen Seite auf die andere.
- <u>Pfoten kreuzen</u>: Die liegende Katze verschränkt die Vorderpfoten übereinander.

- <u>Rückwärts gehen</u>: Die Katze geht rückwärts.
- <u>Kreiseln</u>: Die Katze dreht sich im Kreis. Hierbei kannst Du auch noch rechtsrum und linksrum einbauen.
- <u>Totstellen</u>: Deine Siamkatze liegt wie tot bewegungslos auf der Seite.

Hast Du all diese Inspirationen gemeistert, kannst Du die Schwierigkeit erhöhen, indem Du beispielsweise eine bestimmte Reihenfolge an Kommandos automatisch gezeigt bekommen möchtest. Beispielsweise soll sich Deine Siamkatze erst im Kreis drehen, dann den Ring durchspringen und abschließend zur Seite rollen, um dann wie tot liegen zu bleiben. Dass es sich hierbei um ein Training für Fortgeschrittene beziehungsweise Profis handelt, muss ich hoffentlich nicht extra erwähnen.

Besonderheiten bei Deiner Siamkatze

Manche Katzenrassen werden damit zufrieden sein, immer wieder dieselben Übungen zu machen. Bei Deiner Siamkatze wird das wahrscheinlich anders sein. Sie ist hoch intelligent und ihre Neugier und ihr Spieltrieb sorgen dafür, dass sie sich schnell an althergebrachtem langweilt. Ich empfehle Dir aus diesem Grund, immer mal wieder Abwechslung in die Übungen zu bringen und Deine Siamkatze mit neuen Impulsen zu überraschen. So wird das Training für keinen von euch langweilig und ihr werdet beide sehr viel Spaß dabei haben.

- Kapitel 6 -

Weitere Aspekte des Katzentrainings

Auf den folgenden Seiten möchte ich Dir zum Abschluss einen Überblick über verschiedene weitere Aspekte des Katzentrainings geben, die für Deine Siamkatze von Bedeutung sind. Betrachte sie als eine Art Checklisten, die Du abarbeiten solltest, um Deine Katze auf Dauer auszulasten und glücklich zu machen. So wird eine noch intensivere Beziehung zwischen euch aufgebaut und Du bekommst eine rundherum zufriedene und gut erzogene Katze.

Ich gebe Dir auf den nächsten Seiten folgende Checklisten an die Hand:

- Alles rund um die Grundpfeiler der Katzenerziehung,
- eine Übersicht über die häufigsten Fehler und wie Du sie vermeidest,
- zum Abschluss zeige ich Dir die möglichen nächsten Schritte auf, um das hier gelernte auch perfekt in die Praxis umzusetzen.

Gehe diese Checklisten Punkt für Punkt durch, um sicherzustellen, dass Du keine elementaren Fehler machst.

GRUNDPFEILER DER KATZENERZIEHUNG

Um Deiner Siamkatze die in diesem Buch vorgestellten Trainingsmethoden verständlich zu vermitteln und schnelle Trainingserfolge zu erzielen, ist es unbedingt nötig, die Katzenerziehung mit den richtigen Methoden anzugehen. Nur so wird Deine Katze verstehen, was Du von ihr willst und Deine Anweisungen auch befolgen.

- ☐ **Liebevolle Konsequenz:** Egal was Du versuchst Deiner Katze beizubringen, Konsequenz in der Erziehung ist (genau wie bei Kindern) der Schlüssel zum Erfolg. Deine Siamkatze muss lernen, Deine Regeln immer und überall zu befolgen. Dafür ist es wichtig, dass Du diese Regeln auch konsequent anwendest. Wenn Du ihr etwas manchmal durchgehen lässt und manchmal nicht, kann sie keine Verknüpfung zwischen ihrem Handeln und Deiner Reaktion herstellen. Zudem wird sie Gelerntes immer wieder schleifen lassen, um ihre Grenzen auszutesten. Hier gilt es, ein Katzenleben lang durchgehend auf die Einhaltung Deiner Regeln zu achten.

- ☐ **Positive Bestärkung:** Lasse Deine Siamkatze immer wissen, wenn sie etwas gut gemacht hat. Das muss nicht immer ein Leckerchen sein, vor allem bei schon verinnerlichten Kommandos reichen auch eine Streicheleinheit oder ein Lob aus. Positive Bestärkung ist die schnellste und nachhaltigste Methode, Deiner Katze etwas beizubringen. Mit negativer Bestärkung (also mit Bestrafungen) solltest Du auf keinen Fall arbeiten. Das können Katzen nicht verstehen und sie können durch negative Reaktionen keine Verknüpfung zu bestimmten Verhaltensweisen herstellen.

☐ **Deine Sprache und Deine Stimme:** Katzen können die menschliche Sprache nicht verstehen. Sie erkennen lediglich den Klang bekannter Wörter wieder und können damit eine schon gemachte Erfahrung verbinden. Das bedeutet, dass es nichts bringt, ständig auf Deine Katze einzureden oder in ganzen Sätzen mit ihr zu sprechen. Im Gegenteil, das macht es für sie umso schwieriger, die eigentliche Botschaft herauszuhören und Deine Anweisung umzusetzen. Wenn Du etwas von Deiner Siamkatze möchtest, gebe ihr kurze und klare Anweisungen. Je weniger Wörter diese umfassen, desto besser. Um die Aufmerksamkeit Deiner Katze zu gewinnen, ist es zudem hilfreich, mit einer besonders spannend klingenden Stimme zu sprechen, das wird sie in den meisten Fällen neugierig machen. Achte auch auf Deinen Tonfall. Kommandos sollten nie im strengen Ton gegeben oder gar gebrüllt werden. Das wird Deine Siamkatze eher davon abhalten, Deinem Wunsch nachzukommen. Probiere außerdem, immer dieselbe Betonung bei Deinen Kommandos zu verwenden.

- **Deine Körpersprache:** Um Deine Kommandos leichter verständlich zu machen und auch in Situationen mit lauten Hintergrundgeräuschen mit Deiner Siamkatze kommunizieren zu können, ist es hilfreich, zusätzlich Deine Körpersprache einzusetzen und ein Kommando immer mit einer bestimmten Geste zu verbinden. So kannst Du zum Beispiel das Kommando »Sitz« mit einem erhobenen Zeigefinger verbinden (aber auch mit jeder beliebigen anderen Geste). Wenn Du beim Kommando immer den Zeigefinger hebst, wird Deine Siamkatze beide Aktionen mit dem »Sitz«-Kommando verknüpfen und nach einiger Übungszeit Deine Anweisung befolgen, auch wenn Du nur eins von beidem nutzt. Zudem verringert sich die Wahrscheinlichkeit, dass sich Deine Siamkatze einfach verhört und deshalb nicht gehorcht.

- **Das Timing muss stimmen:** Timing ist das A und O beim Katzentraining und der Verknüpfung von ihren Aktionen und Deinen Reaktionen. Wie schon weiter vorne beschrieben, hast Du nur ein sehr kurzes Fenster, in dem Du Deine Siamkatze belohnen kannst und so dafür sorgst, dass sie Deine Kommandos und Deine Belohnung richtig verknüpft. Bist Du nur einen Moment zu früh oder zu spät, kann das nicht nur die richtige Verknüpfung verhindern. Im Gegenteil, es kann auf Dauer sogar dafür sorgen, dass Deine Katze etwas völlig anderes damit verbindet, was Du ihr nur mit sehr viel Mühe wieder abtrainiert bekommst.

Was Du unbedingt vermeiden solltest

Beim Katzentraining gibt es viele Fallstricke, die Du in der Erziehung Deiner Siamkatze unbedingt vermeiden solltest. Ansonsten wird sich kein Trainingsfortschritt einstellen und das Katzentraining wird zu einer unlösbaren Herausforderung. Versuche, diese Fehler von vornherein zu vermeiden, um es Deiner Siamkatze so einfach wie möglich zu machen und euer gemeinsames Ziel möglichst schnell zu erreichen. Die häufigsten Fehler habe ich in der folgenden Checkliste zusammengestellt:

- ☐ **Missverständliche Kommandos:** Nutze immer das gleiche Kommando, rede nicht in ganzen Sätzen. Sehe Deine Katze insbesondere während des Trainings nicht als Gesprächspartner an.

- ☐ **Falsche Stimmlage:** Spreche mit spannender und aufregender Stimme, um das Interesse Deiner Katze zu wecken. Siamkatzen können Stimmlagen erstaunlich gut deuten.

- ☐ **Fehlende Körpersprache:** Deine Stimme und Deine Körperhaltung müssen die gleiche Botschaft übermitteln. Wenn Du schlaff und gelangweilt dastehst, sinkt die Wahrscheinlichkeit, dass Deine Siamkatze auf Dich hört.

- **Fehlende Belohnung:** Belohne Deine Siamkatze immer, wenn sie etwas richtig macht. Nur so kann sie die richtigen Verknüpfungen herstellen und später immer wieder erneuern. Die Belohnung muss aber nicht immer ein Leckerchen sein, später reichen auch Schmuseeinheiten oder ein einfaches Lob.

- **Negative Bestärkung:** Schimpfe nicht mit Deiner Katze. Sie wird es nicht verstehen und die falschen Schlüsse daraus ziehen.

- **Gewalt:** Eigentlich sollte es selbstverständlich sein, leider zeigt die Praxis immer wieder das Gegenteil: Gewalt ist ein absolutes No Go! Eine Erziehung durch körperliche Gewalt kann nie dem Tierwohl dienen und wird keine Bindung zwischen Dir und Deiner Siamkatze aufbauen.

- **Fehlende Konsequenz:** Konsequenz ist der Schlüssel zum Erfolg. Ziehe Deine Regeln ausnahmslos durch, auch wenn es zuweilen anstrengend ist oder Deine Katze gerade so flehend schaut. Ohne Konsequenz wird das Training nicht funktionieren.

- **Mangelnde Geduld:** Manchmal kann es lange dauern, bis Deine Katze ein neues Kommando gelernt oder verstanden hat, was Du in bestimmten Situationen von ihr möchtest. Verliere nicht die Geduld! Steter Tropfen höhlt den Stein und bei genügend Wiederholungen wird Deine Siamkatze irgendwann verstehen, was Du versuchst ihr beizubringen.

- **Ungünstiges Timing:** Vergiss nie, dass es bei der Belohnung auf das richtige Timing ankommt. Ansonsten machst Du jeden vermeintlichen Fortschritt direkt wieder zunichte. Lieber einmal gar nicht belohnen als zu spät!

- **Katze als Mensch sehen:** Sehe Deine Katze auch als solche an und nicht als Partner- oder Kinderersatz. Berücksichtige ihre Bedürfnisse und stelle keine Erwartungen an sie, die sie nicht erfüllen kann. Akzeptiere Deine Siamkatze als Katze mit ihren ganz eigenen Stärken und Schwächen.

- **Rechtzeitig aufhören:** Beende das Training rechtzeitig, auch wenn Deine Katze noch keine Zeichen von Müdigkeit aufweist. Wenn Du es übertreibst, besteht die Gefahr eines ungesunden Aufheizens oder eine zu hohe geistige Beanspruchung, die dazu führt, dass die Fortschritte während der Trainingseinheit von Deiner Katze nicht abgespeichert werden. Beende jedes Training mit einer Kuschelrunde, um einen positiven Ausklang sicherzustellen.

- **Fehlender Tagesrhythmus:** Katzen lieben einen feste Tagesroutine. Zerstöre euren Trainingserfolg nicht, indem Du immer zu unterschiedlichen Zeiten mit Deiner Siamkatze trainierst. Gewöhne Dir einen festen Tagesablauf an, bei dem Du die Trainingszeiten immer ungefähr zur gleichen Zeit einplanst.

DIE NÄCHSTEN SCHRITTE

Für Dich und Deine Siamkatze ist es nun wichtig, dass ihr das neu Gelernte umsetzt. Die nächste Checkliste soll Dir dabei helfen, einen guten Start zu erwischen und das theoretische Wissen schnell in die Praxis umzusetzen. Folgende Punkte sind dabei wichtig:

- ☐ **Eine Methode zum Start:** Suche Dir aus den vorgestellten Trainingsmethoden eine Methode aus, die Du Dir für Deine Katze gut vorstellen kannst und mit der Du beginnen möchtest.

- ☐ **Die Ablenkung erhöhen:** Starte jede neue Übung zunächst in einem ruhigen Raum. Am besten hält sich zu dieser Zeit keine andere Person in dem Raum auf, die Tür ist zu und Radio oder Fernseher sind ebenfalls ausgeschaltet. Je weniger Deine Katze abgelenkt wird, desto erfolgreicher wird das Training. Außerdem hast Du so die Möglichkeit, die Ablenkungen und damit die Schwierigkeit nach und nach zu steigern und überforderst Deine Siamkatze nicht.

- ☐ **Langsam aber stetig:** Wenn Du mit dem Training an einer Stelle nicht weiterkommst, gehe einen Schritt zurück und trainiere zunächst den vorigen Trainingsschritt erneut. Vermutlich hat Deine Siamkatze diesen Schritt noch nicht so gut verinnerlicht wie Du gedacht hast. Vertage das Training notfalls, vielleicht ist Deine Katze einfach schon geistig oder körperlich erschöpft.

- **Professionelle Hilfe:** Wenn Du mit Deinem Training partout nicht weiterkommst oder es ein Problem gibt, das Du nicht gelöst bekommst und bei dem Du Gefahr läufst, es nur noch schlimmer zu machen, wende Dich an einen professionellen Katzentrainer (und ja, davon gibt es mehr als Du jetzt vielleicht denkst!). Hier erhältst Du schnelle Hilfe oder zumindest einen guten Rat.

- **Optimiere Deine Methoden:** Hinterfrage Dich und Deine Trainingsmethoden laufend. Reflektiere, wie eure Trainingseinheiten laufen und was Du vielleicht noch verbessern kannst, um die Bindung zu Deiner Siamkatze zu stärken und die Trainingsfortschritte zu beschleunigen. Es ist noch kein Meister vom Himmel gefallen!

- **Weitere Literatur:** Wenn Du zu einem bestimmten Thema einen sehr tiefgehenden Einblick bekommen möchtest, gibt es auf dem Markt viele gute und detaillierte Bücher, die sich nur auf ein spezielles Thema konzentrieren.

- **Die 72-Stunden-Regel:** Wissenschaftliche Studien haben gezeigt, dass fast 99% aller Vorhaben und Absichten, mit deren Umsetzung Du nicht innerhalb von 72 Stunden startest, niemals umgesetzt werden. Meine eigene Erfahrung bestätigt das voll und ganz. Daher solltest Du mit der ersten Trainingsmethode auf jeden Fall innerhalb der nächsten 72 Stunden starten oder zumindest die Umsetzung angestoßen haben. Deine Trainingsmethoden müssen nicht sofort perfekt umgesetzt sein, aber es ist wichtig, dass sie angestoßen wurden und nach und nach verbessert werden.

Kapitel - 7 -

FAZIT

Gratulation! Du hast einen Schritt gewagt, zu dem nicht jeder Katzenhalter bereit ist. Du hast Dich ausgiebig über die Trainingsmethoden für Deine Siamkatze informiert und wirst dadurch ein deutlich intensiveres und entspannteres Verhältnis zu Deiner Katze aufbauen als die meisten.

Denn Du weißt jetzt genau, worauf es ankommt:

- Du weißt, dass Katzentraining kein Ding der Unmöglichkeit ist, sondern dass es ganz allein von Dir abhängt, ob es funktioniert oder nicht.
- Du weißt, dass Katzen im Allgemeinen aber auch die Rasse der Siamkatze im speziellen intelligente Lebewesen sind, die eine aktive Beschäftigung ihres Halters mit ihnen nicht nur wertschätzen, sondern auch aktiv einfordern.
- Du weißt, dass Jagen für Deine Siamkatze ein wichtiger Bestandteil ihrer Tagesroutine ist und für Dich ein perfektes Ventil darstellt.

- Du hat gelernt, wie Du eine Jagdsequenz richtig aufbaust und worauf zu achten ist. Du kannst Deine Siamkatze jetzt optimal auslasten und ihr Jagdbedürfnis befriedigen.
- Du hast eine Einführung ins Clicker-Training erhalten und verstehst jetzt, wie dieses funktioniert. Außerdem hast Du einige Beispieltrainings erläutert bekommen.
- Du weißt jetzt, wie Du Deine Siamkatze an die Leine heranführen kannst und kennst die Vor- und Nachteile eines Spaziergangs.
- Du hast erfahren, wie Du Deiner Katze effektiv beibringen kannst, auf Deinen Befehl hin in ihre Transportbox zu laufen.
- Du kennst das Apportieren für Katzen und kannst es Deiner Siamkatze beibringen.
- Du hast jede Menge unterschiedliche Spaßtrainings kennengelernt und noch viele weitere Inspirationen erhalten, mit denen Du Deine Siamkatze in Zukunft trainieren kannst.

- Du weißt genau, worauf es beim Katzentraining ankommt, was die Grundlagen sind, welche No-Gos es gibt und was die nächsten Schritte für euch beide sind.

Zum Abschluss habe ich noch einen letzten Tipp für Dich: Lese dieses Buch nicht nur einmal. Am besten liest Du es gleich mehrfach, bevor Du mit dem Training beginnst. Es schadet bestimmt auch nicht, wenn Du immer mal wieder einen Blick hineinwirfst.

Dieses Buch ist kein Ersatz für einen Tierarzt, Tiertrainer oder Tierpsychologen vor Ort! Solltest Du wirklich große Probleme mit Deiner Siamkatze bekommen – was ich natürlich nicht hoffe – ist es unausweichlich, dass Du einen Profi zu Rate ziehst, der sich vor Ort die Situation mit Dir anschaut.

Ich wünsche euch für eure gemeinsame Zukunft alles erdenklich Gute. Vor allem aber viel Harmonie, Liebe und Zeit zusammen. Deine Bengal ist zwar eine verschmuste Samtpfote, aber auch eine verschmuste Samtpfote möchte ausreichend beschäftigt werden. Ich bin mir sicher, dass ihr zwei diese Hürde mit den Tipps und Methoden aus diesem Ratgeber hervorragend meistern werdet und die richtige Balance findet. Du wirst es schaffen, ihre hohe Intelligenz, ihre unendliche Neugierde und ihren ausgeprägten

Spieltrieb – alles markante Merkmale der Rasse der Siamkatze– perfekt auszulasten und ihr damit ein spannendes und abwechslungsreiches Leben bieten. Ein Leben, dass sich viele andere Katzen wünschen würden. Macht das Beste daraus und werdet zu einem unzertrennlichen Team!

Katzentrainings-Zertifikat

Herzlichen Glückwunsch! Du hast jetzt alles Wissen an der Hand und bist perfekt auf das Training Deiner Siamkatze vorbereitet. Mit der richtigen Aufmerksamkeit und Hingabe werdet ihr nicht nur jahrelang Freude miteinander haben, sondern zu einem echten Team zusammenwachsen.

Ich wünsche euch beiden viel Vergnügen dabei!

_____
Name des/r Halter/in

_____
Name der Katze / des Katers

_____ _____
Einzugsdatum   Rasse

Praxis geprüft

PLATZ FÜR DEINE NOTIZEN

PLATZ FÜR DEINE NOTIZEN

BUCHEMPFEHLUNG FÜR DICH

Hole Dir jetzt den ersten Teil und erfahre, wie Du Dein Siamkitten erziehst!

SIAMKATZE KATZENERZIEHUNG - Ratgeber zur Erziehung einer Katze der Siamkatze Rasse

Katzenerziehung wird häufig:
» ... als unnötig angesehen,
» ... als unmöglich bezeichnet und
» ... von den wenigsten Katzenhaltern angegangen.

Doch was macht Katzenerziehung wirklich aus und wofür ist sie überhaupt gut? Und wie können Deine Siamkatze und Du auch völlig ohne Erfahrung davon profitieren?

Das Wichtigste ist, erst einmal zu verstehen, wie eine Katze ihre Umwelt wahrnimmt, was für sie „normal" ist und wie Du das für Dich nutzen kannst. Darüber hinaus sind die Eigenheiten einer jeden Rasse entscheidend, wenn es um die spätere Erziehung geht. Deine Siamkatze weist beispielsweise andere Charaktereigenschaften als eine Perserkatze auf und genau diese sind in der Katzenerziehung zu berücksichtigen.

Sei gespannt auf viele Hintergründe, Erfahrungsberichte, Schritt-für-Schritt-Anleitungen und Geheimtipps, die sich maßgeschneidert auf Deine Siamkatze beziehen.

Sichere Dir noch heute dieses Buch und erfahre...

» ... wie Deine Siamkatze ihre Welt wahrnimmt
» ... und wie Du sie darauf aufbauend am besten erziehst.

Hole Dir jetzt den dritten Teil und erfahre, wie Du Deine Siamkatze pflegst, ernährst und vor Krankheiten schützt!

SIAMKATZE KATZENPFLEGE - Pflege, Ernährung und häufige Krankheiten rund um Deine Siamkatze

Katzenpflege wird häufig ...

» ... unterschätzt und als unnötig erachtet.
» ... einzig auf die Fellpflege reduziert.
» ... von vielen Haltern fast gänzlich vernachlässigt.

Doch was macht die Pflege Deiner Katze wirklich aus und wie ernährst Du Deine Siamkatze richtig? Und wie kannst Du Krankheiten und Parasiten frühzeitig erkennen oder sogar schon vorbeugend tätig werden?

Wenn Du wissen möchtest, wie und wie oft Du die Augen, die Ohren, das Gebiss, die Pfoten, das Fell und die Haut Deiner Siamkatze untersuchen solltest, dann ist dieser Ratgeber genau richtig für Dich. Du wirst lernen, was Du dabei zu beachten hast. Außerdem erfährst Du, worauf Du bei Fertigfutter zu achten hast und lernst auch die Vor- und Nachteile alternativer Ernährungsmethoden wie selbstgekochtem Essen, BARFen oder Vegetarismus und Veganismus kennen. Zusätzlich erhältst Du noch alle wichtigen Informationen über das Impfen und die Kastration, um darauf aufbauend entscheiden zu können, ob es für Dich und Deine Siamkatze das richtige ist.

Sichere Dir noch heute dieses Buch und erfahre...

» ... wie Du Deine Siamkatze gesund und artgerecht ernährst,
» ... wie Du sie richtig untersuchst, pflegst und Krankheiten frühzeitig erkennst
» ... und das alles ohne vorherige Erfahrung in dem Bereich.

HAT DIR MEIN BUCH GEFALLEN?

Du hast mein Buch gelesen und weißt jetzt, wie Du Deine Siamkatze beschäftigst und eine noch engere Bindung zu ihr aufbaust. Und genau deshalb bitte ich Dich jetzt um einen kleinen Gefallen. Rezensionen sind bei Amazon ein wichtiger Bestandteil von jedem angebotenen Produkt. Es ist mit das Erste, worauf Kunden schauen und nicht selten geben die Rezensionen später den entscheidenden Ausschlag ein Produkt zu kaufen oder nicht. Gerade bei der endlos großen Auswahl von Amazon wird dieser Faktor immer wichtiger.

Wenn Dir mein Buch gefallen hat, wäre ich Dir mehr als dankbar, wenn Du mir eine Bewertung hinterlässt. Wie Du das machst? Klicke einfach auf meiner Amazon Produktseite auf folgenden Button:

Dieses Produkt bewerten
Sagen Sie Ihre Meinung zu diesem Artikel

> Kundenrezension verfassen

Schreibe einfach kurz, was Dir ganz besonders gut gefallen hat oder wie ich das Buch vielleicht noch besser machen kann. Es dauert nicht länger als 2 Minuten, versprochen! Du kannst Dir sicher sein, dass ich persönlich jede Rezension lese, denn es hilft mir sehr stark dabei, meine Bücher noch besser zu machen und sie genau an eure Wünsche anzupassen.

Daher sage ich Dir:

HERZLICHEN DANK!

Deine Susanne

QUELLENANGABEN

Dr. Brunner, David; Stall, Sam: Katze – Betriebsanleitung: Intriebnahme, Wartung und Instandhaltung; 1. Auflage, München: Goldmann Verlag 2015

Galaxy, Jackson; Delgado, Mikel: Der Katzenflüsterer – Für ein glückliches Katzenleben; 2. Auflage; Königswinter: Heel Verlag 2019

Tierarzttraining für Katzen: Einfühlsam und spielerisch zu mehr Gelassenheit, Christine Hauschild 2014

Trickschule für Katzen: Spaß mit Clicker und Köpfchen, Christine Hauschild 2010

Getting Started: Clicker Training for Cats (Karen Pryor Clicker Books), Karen Pryor 2003

Clickern mit meiner Katze: Tricks, Beschäftigung und Alltagstraining, Viviane Theby 2018

Birga Dexels Clickertraining für Katzen, Birga Dexel 2014

Verhaltensprobleme bei der Katze: Von den Grundlagen bis zum Management, Zusatzmaterial online: Infoblätter für Patientenbesitzer, Röhrs, Dr. Kerstin Nüßlein, Dr. Waltraud Döring, Dr. Dorothea Zurr, Dr. Daniela Schroll, Dipl.-Tzt. Sabine 2018

Das Spielebuch für Katzen: Spielend durchs Katzenleben, Dbaly, Helena Sigl, Stefanie 2015

Wenn Katzen Kummer machen: Verhaltensprobleme verstehen und lösen, Schroll, Sabine 2012

Cat Training: The Definitive Step By Step Guide to Training Your Cat Positively, With Minimal Effort, Robert Meadows 2018

Decoding Your Cat: The Ultimate Experts Explain Common Cat Behaviors and Reveal How to Prevent or Change Unwanted Ones, American College of Veterinary Behaviorists, American College Herron, Meghan E Horwitz, Debra F Siracusa, Carlo Dale, Steve 2020

Carrier training cats reduces stress on transport to a veterinary practice, Pratsch, Lydia Mohr, Natalia Palme,

Rupert Rost, Jennifer Troxler, Josef Arhant, Christine, erschienen in Applied animal behaviour science 2018

Comparison of positive reinforcement training in cats: A pilot study, Willson, Erin K Stratton, Rachael B Bolwell, Charlotte F Stafford, Kevin J, erschienen in Journal of veterinary behavior 2017

Assessment of Clicker Training for Shelter Cats, Kogan, Lori Kolus, Cheryl Schoenfeld-Tacher, Regina, erschienen in Animals (Basel) 2017

Meine Siamkatze: Verhalten, Ernährung, Pflege, von Glogger, Helmut-Maria, 1988

Siamkatzen: Kauf, Haltung, Pflege, von Donay-Weber, Anneliese, 1981

Siamkatzen, von Anneliese Donay-Weber, 1997

Siamkatzen, Ihr Hobby: Ein bede-Ratgeber für die erfolgreiche Haltung, von Dominik Kieselbach, Heidi Dietrich, 2003

IMPRESSUM

©2021, Susanne Herzog

1. Auflage

Alle Rechte vorbehalten. Nachdruck, auch auszugsweise, verboten. Kein Teil dieses Werkes darf ohne schriftliche Genehmigung des Autors oder Verlegers in irgendeiner Form reproduziert, vervielfältigt oder verbreitet werden. Herausgeber: GbR, Martin Seidel und Corinna Krupp, Bachstraße 37, 53498 Bad Breisig, email: info@expertengruppeverlag.de, Coverfoto: www.depositphotos.com. Sämtliche hier dargestellten Inhalte dienen ausschließlich der neutralen Information. Sie stellen keinerlei Empfehlung oder Bewerbung der beschriebenen oder erwähnten Methoden dar. Dieses Buch erhebt weder einen Anspruch auf Vollständigkeit, noch kann die Aktualität und Richtigkeit der hier dargebotenen Informationen garantiert werden. Dieses Buch ersetzt keinesfalls die fachliche Beratung und Betreuung durch einen Tierarzt oder Tierpsychologen. Die Autorin und die Herausgeber übernehmen keine Haftung für Unannehmlichkeiten oder Schäden, die sich aus der Anwendung der hier dargestellten Information ergeben.

Printed in Poland
by Amazon Fulfillment
Poland Sp. z o.o., Wrocław

34397497R00118